完全保存版

思春期の子の育て方

諸富祥彦

「自分をつくる力」

「挫折から立ち直る力」

「悩む力」。

〝むずかしい年ごろ〟の親が
必ず知っておくべきこと。

WAVE出版

思春期の子の育て方

「自分をつくる力」

「挫折から立ち直る力」

「悩む力」。

〝むずかしい年ごろ〟の親が
必ず知っておくべきこと。

はじめに

〝思春期〟

それは子育て中の親の多くにとって、最も悩みの多い時期です。

思春期になると、多くの子どもは不機嫌で、生意気で、何を考えているのかわからなくなります。

「別に」

「それで?」

「特にない……」

「わからない……」

と言葉がどんどん少なくなって、親よりも友だちとのコミュニケーションが増えてきます。

はじめに

「何を聞いても答えてくれず、心を開いてくれなくなります」

「うちの子、何を考えているのかわからないんです」

多くの親はこのように悩んでしまうのです。


〝反抗期〟に入り、「クソジジイ」「クソババア」「死ね」と親をなじり、傷つけてくることもあるでしょう。

「昔はあんなに素直でかわいらしかったのに」とため息をつきたくなる気持ちはよくわかります。

親として「どう子どもに関わり、何と言えばいいか」わからなくなる時期、それが思春期なのです。しかも、そうした状態が場合によっては数年から20年、年齢にして35歳になるくらいまで続くこともあります。


また、最近〝毒親〟という言葉を耳にするようになりました。

毒親とは子どもを支配したり、追いつめたりすることで、子どもにとって〝毒〟になる親をあらわす言葉です。そうはいっても最初から〝毒親〟の親はいません。

では、〝普通の親〟が最も〝毒親〟になりやすいのはいつだと思いますか？

それが思春期なのです。


子どもが大人になろうとして〝自分〟を持ち始める時期だからこそ、親は子どもを「自分の思うようにコントロールしなくては」と思ってしまう、そして〝普通の親〟が〝毒親〟に転じてしまうのです。

子どもにとって〝いい親〟でいられるのか。

それとも、〝毒親〟になってしまうのか。

この分かれ道は思春期にあるといっていいでしょう。


私は35年間、教育カウンセラーとして多くの方々の子育ての相談にのってきました。児童相談所のカウンセラーやスクールカウンセラーとして、子育ての悩みに耳を傾けてきました。現在は、明治大学の教授として、子育てや教育にまつわるカウンセラーを大学院で養成しています。

子育てに悩む親御さんの声、親との関係性に悩むお子さんの声。どちらもたくさん聞いてきました。

本書はそうして得た知見をもとに新たに書き上げた『男の子の育て方』『女の子の育て方』『ひとりっ子の育て方』シリーズに続く最新の一冊です。

繊細で複雑な思春期の子育ては、幼少期の子育てとはまったく別ものです。

「こんなことで悩んでいるのはうちだけかも……」と不安に思っている方もいるはずです。

本書ではそういった思春期だからこその悩みや起きる問題に、親御さんの気持ちにしっかりと寄り添いながら、ていねいに向き合っていけたらと思います。

〝子ども扱い〟する時間はもうおしまい

ドイツの精神科医フレデリック・S・パールズの「ゲシュタルトの祈り」と名付けられた詩があります。

わたしはわたしの人生を生き、あなたはあなたの人生を生きる。
わたしはあなたの期待にこたえるためにこの世に生まれたわけではない。
あなたもわたしの期待にこたえるためにこの世に生まれたわけではない。
私は私。あなたはあなた。
もし二人、心触れ合えるならそれはそれで素晴らしいこと。
もし二人、すれ違うなら、それはそれで致し方ないこと。

人間が幸福になるための方法について書かれたこの詩には、実は思春期の子育てにおいて最も大切なことが語られています。

わかりやすく伝えるために、〝わたし〟を〝子ども〟に、〝あなた〟を〝親〟に置き換えてアレンジを加えた次の詩をぜひ声に出して読んでみてください。

子どもは子どもの人生を生き、親は親の人生を生きる。
子どもは親の期待にこたえるためにこの世に生まれたわけではない。
親も子どもの期待にこたえるためにこの世に生まれたわけではない。
子どもは子ども。親は親。
子どもには子どもの人生がある。
親には親の人生がある。

いかがでしょうか。ハッとさせられる方も多いのではないでしょうか。

私がここで一番伝えたいことは、〝子どもと親は、それぞれ別の人間〟だということです。思春期は子どもが親離れしていくと同時に、親が子離れしていく時期でもあります。

子どもは親が果たせなかった夢や願望を代理で果たすための道具ではありません。**どんなに顔や性格が似ていても、子どもは親とは別の人間です。親とは違う、自分の夢を見る権利を持った一人の対等な人間なのです。**

まずは、そのことを親自身がしっかりと心に刻んでおきましょう。

子どもを〝子ども扱いする〟時期はもうそろそろおしまいです。

私の子がどうやら思春期のようだ。最近、何かと親に反発することが増えた。普段の暮らしの中でそんなふうに感じることが増えたら、まずは親の意識を変える必要があります。

子どもを〝子ども扱い〟するのをやめて、一人の対等な人間として接しましょう。

これが思春期の子育てのスタートラインです。

〝大人扱い〟された子どもほど〝早く大人になっていく〟のです。

ハッピーな親の子どもはハッピーになる

もうひとつ、子育てに悩むみなさんにお伝えしたいことがあります。

それは、〝**あなたが今抱えている悩みは、決して特別なものではない**〟ということです。それどころか、世の中には同じように悩んでいる人が大勢いるのです。35年間のカウンセラーとしての経験を通じて、私は「すべての家庭は悩みを抱えている。何の悩みもない家庭、何の悩みもない親は一人もいない」ことがわかりました。

子どもの特性に悩んでいる、夫婦が不仲である、経済状況が苦しい、健康面で不安がある、実家にトラブルがある……。誰もが何かしらの悩みを抱えています。

そのことに気づかず、「自分だけが不幸だ」と思い込んでしまうと、人の意識は本当に不幸の沼へと沈んでしまいます。

私たちは誰もが〝幸せになる権利〟を持っています。せっかく生まれてきたのですから、「何が何でもハッピーになる」と決めて毎日を生きましょう。

しんどいことが起きたときは、「なんくるないさ」と声に出してみてください。

沖縄の方言で「なんとかなるさ」という意味を持つこの言葉は、私自身が思春期のときに母親から言われた言葉です。子どもだけでなく、悩んでいる親が救われる言葉でもあります。

沖縄の青い海、ゆったりと流れる時間を思い浮かべながら、

「なんくるないさ」

「なんくるないさ」

「なんくるないさ～」

そう3回唱えてみてください。心の重荷がふんわりと軽くなるはずです。

思春期の子を育てる親が「なんくるないさ」とドーンとかまえておくことは、子

どもの幸せにも直結します。

思春期の子は揺らぎやすく、傷つきやすく、不安定です。ちょっとしたことですぐ深刻に悩み、落ち込みます。そんな繊細な時期に親が落ち込んでいると、子どもはますます不安定になります。

思春期の子どもは、友だちのことをはじめ、いつも悩みがたくさん。自分のことで精いっぱい。自分のことだけでいっぱい、いっぱい。

それなのに心配性の親から「あなた大丈夫？」「お母さんは心配」などと、オロオロされると、面倒くさくって仕方ない。

「うざくて、面倒くさい」親は無視されて、口もきいてもらえなくなります。

恐ろしいのは、ここで関係をこじらせてしまうと、子どもはいつまで経っても思春期の心から成長できず、〝大人子ども〟になる可能性があるということです。

オロオロする親が「うざい」と拒否されたのをきっかけに、15歳から35歳くらいまでの20年間、娘がまったく口をきいてくれなくなったケースはよくあります。

大切なのは、思春期の親はドーーンとしていることです。

「なんくるないさ」とのんきにかまえて毎日楽しく過ごすこと。

親の〝のんきな様子〟と〝明るさ〟が思春期の子を救います。

まずは親自身が心を安定させましょう。

大丈夫。みんな悩んでいる。きっとなんとかなる。つらいときは逃げていい。

そんなふうにタフに、しなやかに、おおらかに生きる姿を子どもに見せることも、大人としての務めです。

思春期に限らず、子育てで一番大切なことは親自身がハッピーでいることです。

親自身がハッピーで「愛してるよ」「大好きだよ」と思い切り愛を伝えることです。

それは子どもが0歳でも15歳でも変わりません。

親自身がハッピーでいる姿を見て、子どもは「私も幸せになっていいんだ」ということを学ぶからです。

そして、それがむずかしいと感じたときは次のことを思い出しましょう。

お子さんは、「この宇宙からお母さん、お父さんに贈られてきた大切なプレゼント」です。また、ご両親が、親として、人間として学び成長していくための大切な機会を与えてくれる存在です。

すべての子どもは、そのたましいに、その子だけに与えられたミッション（生きる意味と使命）を刻まれて、この世に生まれてきています。子どものたましいは、見えない世界からやってきて、この世界に降りてくるときに、お母さんとお父さんを、そしてそのDNAを選んで、この世に生まれてきたのです。

まだ、天の上の、見えない世界にいるときから、お子さんのたましいは、お母さんとお父さんをじっとみていて、『この人たちのもとに降りていこう。この人たちのDNAを、この地上の世界での、わたしのからだとして、お借りしよう！　そうすれば、自分がなすべきことをなしとげることができそうだ。この人たちなら、わたしが自分のミッションを果たすために必要な、愛情と栄養と、ＤＮＡと、そして、成長のため必要な厳しい試練も与えてくれそうだ！』と、お母さんとお父さんを選んで、ゆっくりとこの世に降りてくるのです。

どうぞ、こんなあたたかい〝心のまなざし〟で思春期のお子さんを見守ってください。

両親が〝愛に満ちたまなざし〟で、お子さんを見守っていくことが、将来〝幸せな人生を送っていくことができる人間〟になるうえで一番大切なことです。

どうか、みなさんの子育てが、明日から、愛に満ちたすばらしいものになっていくことを願っています！

本書では、それをかなえるための具体的な知恵と方法を、私の教育カウンセラーとしての35年の経験をもとに、たくさん紹介しています。

思春期の子育ては、親にとっては確かに高いハードルです。
けれどもここを乗り越えた先には必ず、子どもと親、それぞれが幸せに人生を歩んでいける道が待っています。私はそう信じています。

諸富祥彦

目次

第2章 思春期のイライラ・反抗に向き合う方法

第3章 学校と勉強の付き合い方

第4章

必ず知っておきたい性教育

第5章

社会に出て働くということ

第6章

思春期と家族

装丁　水戸部 功
執筆協力　阿部 花恵
イラスト　Igloo*dining*
ＤＴＰ　野中賢（システムタンク）
校正　東京出版サービスセンター
編集　吉田ななこ（WAVE 出版）

第1章

思春期の子育ては ここが〝むずかしい〟

思春期は〝自分をつくる〟大切なステージ

小学校4年生から中学校3年生のある日、子どもに〝ある変化〟があらわれ始めます。

「突然、子どもの態度が変わってしまった」
「学校で何かあったのかもしれない」
「こんなときに親はどうすればいいかわからない……」

と親は子どもの急激な変化に戸惑うのです。

2歳〜3歳の第一次反抗期のときは〝イヤイヤ期〟でした。何でもかんでも「イヤだー！」と言っていたのです。

思春期はそんなにわかりやすくありません。

「うちの子はコミュニケーションを取りたがらないけど、クラスメイトの子はお母さんに何でも話しているみたい」など、態度や反応も子どもによってさまざまです。「どうしてうちの子だけ」と落ち込んでしまうこともあるでしょう。

子育てには３つのステージがあります。

①〝心の土台〟をつくる時期。０～６歳くらいの乳幼児期
②〝社会のルールや協調性〟を学ぶ時期。６～10歳くらいの児童期
③〝自分づくり〟に取り組む思春期

最後のステージである思春期は、それまでの自分をつくり変える時期です。親とは違う〝自分〟をつくり始める時期なのです。

この時期、子どもは他者からの視線や評価に敏感になります。いじけて卑屈になったかと思えば、攻撃的になったり、コミュニケーションを拒絶したり……。

親からすれば「一体どうしたの？」と心配になります。しかし、誰よりも変化に戸惑っているのは子ども自身です。

不満や不安、焦り、自意識、劣等感。そんな感情が混じり合いながら〝自分〟をつくっていく。複雑で大切な大人への移行期間。これが〝むずかしい年ごろ〟と呼ばれる思春期です。

〝むずかしい〟のは体の変化に心が追いつかないから

思春期はいつから始まるのでしょうか。

とても個人差が大きく、男の子は早い子で小学校3年生くらいから、女の子の場合は早くて小学2年生くらいで一足先に思春期に突入します。

けれども一般的には小学校5～6年生、中学生くらいから思春期に入ります。

そこから高校１～2年生くらいまでが〝大人でもない、子どもでもない時期〟という、いわゆる〝思春期ど真ん中〟です。

その後はさらに個人差が大きく、高校３年生くらいですっかり親から心理的に自立を果たして大人になる子もいれば、大学４年間もべったり親にくっついたまま、中には就職して25歳になり30歳になっても、親から精神的に自立できない人もいるのです。〝大人のような、子どものような〟思春期の心が35歳くらいまで続く人も少なくありません。ずるずると40代になっても、50代になっても親に依存する〝大人子ども〟になる可能性だってあります。

なので、10歳～18歳のうちに〝親から離れて〟子どもの精神的な自立をはかることがとても重要になります。

9歳～10歳の子どもの体には、さまざまな変化が起きます。ホルモンの分泌が盛んになるため、身長はぐんと伸びます。女の子であれば体つきが丸みをおび、生理が始まります。男の子はヒゲが生え、射精できるようになります。体の急激な変化に引っ張られるように、恋愛や性的なことへの関心も高まるでしょう。

しかし、身体が急激に変化したからといって、心もその成長速度に追いつけるわけではありません。成熟していく身体の中には〝大人の心〟と〝子どもの心〟があります。

〝自立したい気持ち〟と〝甘えたい気持ち〟の葛藤や〝理想の自分〟と〝現実の自分〟の葛藤などにもあらわれます。いろいろな点でアンバランスな時期なのです。

この〝大人の心〟と〝子どもの心〟のギャップこそが思春期の最大のむずかしさといえるでしょう。

子どもはどんなストレスを抱えているのか

小学校3～4年生を過ぎた頃から、ほとんどの子は同年代の友だちとの関係性が何よりも重要になります。〝親との関係〟よりも〝友だちとの関係〟のほうが重要になってくるのです。

仲良しのグループが固定化し、仲間同士の結びつきは強まるでしょう。そのため、「まわりに合わせないといけない」「浮かないように振る舞わないとならない」というプレッシャーも強まっています。これを〝**同調圧力（ピアプレッシャー）**〟といいます。

さらに、教室という箱で横並びにされる思春期は、世間の〝ものさし〟にさらされる時期でもあります。

「自分は友人よりも上だろうか、それとも下か？」

成績が良いか悪いか、運動能力、容姿、家庭環境……。身近な友人から、SNSで知った有名人まで。思春期の子どもは、あらゆる対象と自分を比較して思い悩んでいます。

「本当は成績が良い人と悪い人のどちらが偉いとは決められない」「数字や見た目だけが、その人のすべてではない」とわかっていてもとらわれてしまうのです。

思春期の学校は〝戦場〟にもなる

一日の大半を過ごす学校という空間で、子どもたちは目に見えない序列にさらされています。クラスの子どもたちの中には、明らかに「この人は上。この人は下」といった〝序列〟があるのです。これを〝スクールカースト〟といいます。

「みんなと同じでなければ」という同調圧力に息苦しさを感じながらも、「自分の居場所を確保しよう」と必死に頑張っています。

文部科学省のいじめ防止対策協議会の調査によると、小学校4年生から中学校3年生までの6年間に、「一度でもいじめや仲間外れにされた」ことがある子どもの割合は９割にものぼります。また同じ調査で「一度でもいじめや仲間外れをした」ことがあると答えた子どもも９割にのぼります。

つまり、ほぼすべての子どもは「いじめた」ことがあり、「いじめられた」ことがあるのです。

「クラスの中から、誰が仲間内からはじかれるかわからない恐怖」があります。その意味で、思春期の子どもにとって、学校は〝戦場〟です。

親には入ってきてほしくない。でもひとりでどう解決したらいいかわからない問題が、たくさんあふれてくるのです。

本書を読んでいるあなたも、〝親〟という役割をいったん脇によせて、自分自身の10代を振り返ってみてください。あの時期特有の切実さ、苦しさ。誰しも身に覚えがあるのではないでしょうか。今、お子さんはまさにその渦中にいるのです。

子どもの変化に合わせて親子関係を変化させる

子どもが大きく変化する思春期のステージは、親子関係も必然的に大きな変化を迫られます。

急に反抗的に振る舞うようになった。友人や学校の近況を聞いても口を開きたがらない。ちょっとした一言で突然、感情が爆発するようになった……。

いずれもごく一般的な思春期の行動です。急に成長する自分の体に戸惑い、異性の親と距離をおきたがる子もいるでしょう。逆に、同性の親に対してだけ強く反発するケースもあります。表面的には変わっていないようでも、内心では「親は自分のことをまったく理解していない」とそっと距離をおくようになる子もいます。

これらはすべて、子どもが〝自分〟をつくり変えるプロセスで起きる、自然な反応だということをまずは理解しましょう。

その上で、子どもを〝大人扱い〟するのです。

「反抗期なんてまだまだ子ども」「態度や振る舞いは子どもっぽいのに」と思われるかもしれません。

しかし、思春期の子どもの心の中には、〝大人の心〟もあるのです。

大人と同じように子どもの意見や主張を尊重する。考え方が合わないときは、親の考えを説明する。真正面からぶつかるだけでなく、少し距離をおいてみる。

子どもを大人扱いするためには、親のほうが先に、大人になる必要があります。

思春期の子どもの心に育まれる〝3つの力《ちから》〟
①自分をつくる力

ここまで思春期の悩ましさについて触れてきました。

しかし、思春期はマイナス面ばかりではありません。むしろ、その先の長い人生をタフに生き抜くために絶対に必要な〝力〟を蓄える時期でもあります。

私は思春期があるからこそ育まれる〝3つの力〟があると思っています。

1つめの力は、〝自分をつくる力〟つまり〝自分設計力〟です。

〝自分をつくる〟とは何か。それは日常の実体験から、自分がどんな人間なのかを少しずつ知っていくことから始まります。

自分はどんな人？　どんな性格？

親とはどこが同じで、どこが違うの？

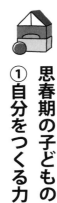

どんな人生を生きたい？
得意教科は何で、苦手な教科は何か。それぞれの理由は？
どんなことが好きで、何をしている時間が一番楽しい？
これだけは絶対に許せないと思うことは？
自分のコンプレックスだと思う部分はどこ？
最近、親をうっとうしく感じてしまうのはなぜだろう。

思春期の子どもは日々生じるさまざまな疑問や不満を通じて、他者と自分を比べたり、未知の価値観や世界に触れたりしながら、少しずつ〝自分〟をつくっていきます。

失敗して落ち込むこともあるかもしれません。それでも、親が先回りして安全な道へ引き戻すようなことはやめましょう。

なぜならこのプロセスで最も重要なことは、それまでインストールされていた親の価値観を手放すことだからです。思春期にこの挫折をしないと、むしろ大人になってから苦労してしまいます。

親とは異なる、自分なりの新しい価値基準を見つけていく。

そしてその〝新しい自分〟でOKとまるごと肯定し、自己肯定感を育むこと。

こうして自分という人間の土台をつくることは、〝自分の人生を設計していく力〟を身につけることにもつながります。

思春期に子どもの心に育まれる〝3つの力〟
②挫折から立ち直る力

「子どもが小さいうちは、なるべく失敗や挫折を経験してほしくない」

親としてそのように考えてしまうのは当然のことでしょう。

けれども、「こっちの道なら安全だよ」とレールを敷いてあげても、生涯にわたってその状態を保つことは不可能です。どんな人であっても、成長の過程で必ず何かしらの出来事で傷つきます。

現実と向き合い〝一番ではない自分〟や〝特別ではない自分〟をどこかで受け入れなくてはなりません。

傷つくこと。負けること。失敗すること。

多くの子どもにとって、思春期は挫折の連続です。

「好きな人からフラれた」

「受験で第一志望の学校に落ちてしまった」

これらは短期的に見るとマイナスの出来事です。しかし、長い目で見ると実はとても大切な体験です。なぜなら失敗は、マイナスから立ち直る方法を学ぶ絶好のチャンスでもあるからです。

挫折そのものが重要なのではありません。

大切なのは、〝挫折からどう立ち直るか〟です。悔しさや悲しみに向き合い、自分の心を立て直し、この経験をどう乗り越えていくか。挫折から立ち直りまでのプロセスの中で、〝挫折から立ち直る力〟（レジリエンス）は育まれていくのです。

挫折は時間が経てば次の糧にもなります。最初の失恋のおかげで次の恋がうまくいった。第二志望で入った学校がとても相性がよかった。そんな展開だって、もちろんありえるでしょう。

「自分は楽しんで取り組めた」「結果は結果。自分は自分なりに頑張った」と自分を認めることが大切です。

「ひとつ失敗したからといって、すべてが悪くなるわけではない」ということを自分自身の経験から知ることは、前向きに頑張るためのエネルギーになるでしょう。

人生にはさまざまな困難が立ちはだかります。「負けたら終わり」という打たれ弱い大人にならないためにも、10代のうちに〝挫折して立ち直る力〟をつけておきましょう。

思春期に子どもの心に育まれる〝3つの力〟

③悩む力

思春期に身につく力の３つめは、〝悩む力〟です。

おそらく多くの人は、〝悩む〟という行為にネガティブな印象を持っているのではないでしょうか。自分の子どもが抱えている悩みに耳を傾けながらも、「そんなくだらないことで悩むなんて」と笑ってしまったことはありませんか？「くよくよ悩んでないでとにかくやってみたらいいじゃない」と軽く流してしまったこともあるのではないでしょうか。

私たち大人は、どうしても〝悩む〟という行為を否定的に捉えがちです。けれども思春期においては〝とことんまで悩む〟ことも決して無駄ではありません。

小さい赤ちゃんにとっては〝泣くのが仕事〟であるように、思春期の子どもにとっては〝悩むのが仕事〟です。

悩むことで〝自分づくり〟という課題に取り組んでいるのです。

「本当にこれでいいのかな？」「もし失敗したらどうしよう……」そんなふうに想像をめぐらせて真剣に悩むことは、自分の人生を選んで進もうとする姿勢のあらわれです。

悩むことには、もうひとつの利点があります。

それは〝孤独に慣れること〟です。

もちろん、友人や家族に悩みを相談することもあるでしょう。それでも、悩んでいる時間の多くは孤独なひとりきりの時間でもあります。安易に他者の判断に寄りかからず、自分で考え抜く。この力を思春期から養うことは、人生のさまざまな局面において必ず役に立つはずです。

〝悩む力〟を手に入れることは、人生において具体的に考える力＝思考力を持ち続けることと同じです。

〝きちんと悩むことができる人〟は人生の問題を適当に流さず、きちんと向き合うことができる人です。「悩むのなんて面倒くさい」「悩んでなんかいないで、いつも明るく」と生きていくのは、一見、前向きで爽やかに見えますが、実は、自分自身ときちんと向き合えない人でもあります。

思春期に〝とことん悩む力〟を身につけておくことは〝その後の人生を深く生きていく力〟につながります。

親が正解や常識を押し付けるのではなく、子ども自身におおいに悩み、選ばせましょう。きちんと悩むことのできる子は、これから必ず伸びていくはずです。

〝自分づくり期〟の親は〝子どもから離れて見守ることが必要な時期〟

思春期の子どもたちは〝自分づくり〟という課題に取り組んでいます〝親とは違う自分〟という存在を必死につくっています。

〝自分〟をつくるためには、親との関係をいったん切り離さなければなりません。例えるならば、今まであった土台を全部壊して、そこに新しい建物をつくろうとしているのです。情緒や行動が不安定になるのは当然でしょう。親はまずそのことを十分に理解してください。

思春期の子どもと接する際の最善策、それは〝一歩離れた距離から見守る態度〟を貫くことです。子どもの〝自分づくり期〟が始まったら、親もまた〝見守り期〟へとシフトしていましょう。

〝導く〟子育てから〝寄り添う〟子育てへ

これまでは社会を学ばせるためにお手伝いをお願いしたり、遊びに誘ったりと積極的に声がけをしていたと思います。または子どもの意見を尊重しようと「どうしたい？」と質問をすることもあったでしょう。

しかし、思春期の子どもには親の知らない世界での葛藤や悩みがあります。「自分だけで解決してみたい」「挑戦していきたい」という思いや、「こんなこと言ってもいいのかな」というためらいがあるのです。

思春期の子どもは大人が一方的に導く存在ではありません。〝自分づくり〟の最中の子どもが欲するのは、同じ目線で〝自分〟を尊重してくれる、対等なコミュニケーションです。

具体的にどうしたらいいのか、思春期の親に必要な〝3つの力〟を教えます。

思春期の子を持つ親に必要な〝3つの力《ちから》〟

①見守る力

普段は〝一歩離れた場所〟から自分の子を見守り、ピンチのときはぐっと近寄っていって支える。

思春期の子育ての基本スタンスは、この一言に尽きるでしょう。

ところが、いざ思春期に突入すると〝見守る〟ことは予想以上にむずかしい。

なぜなら思春期の子どもは友だちとのトラブル、先生とのトラブル、異性との関係など、親から見ると「大丈夫なの？」と言いたくなることの連続だからです。

また多くの親は、「この子のことは自分が一番よく理解している」「失敗しないように上手に導いてあげないと」という気持ちを捨てきれないものです。

もちろん、そこには親としての愛情や責任感があるでしょう。けれども、思春期に入ると子どもは、自分が考えたこと、感じたこと、実体験から多くを学び、自分をつくっていきます。思春期は自分の軸をつくるための大切な期間なのです。

●ポイント　話しやすい空気をつくって待つ

上手に〝見守る〟ための最大の心がけ、それは〝過干渉しない〟ことです。

思春期の子どもはまだまだ未熟です。親としては心配になって、つい手や口を出したくなる場面もあるでしょう。けれども、そこをグッとこらえましょう。

子どもが抱えている問題は、その子自身が向き合うべき問題です。「親である私が正してやらなくては」「大人の判断こそがいつも正しいはず」という考え方はそろそろ捨てましょう。過剰な干渉は、支配にもつながります。

もちろん、まったく口を出すなということではありません。97ページの「〝弱音を言える家庭〟をつくろう」のような、子どもが話しやすい空気をつくったり、話を聞いてほしそうな素振りを見せたら、「話せばスッキリすることもあるよ」と伝えてみましょう。

話しやすい空気をつくって待つ。上から目線ではなく、対等な目線に立って子どもの考えや行動を尊重する。

これが〝見守り力〟の秘訣です。

思春期の子を持つ親に必要な〝3つの力〟
②寄り添う力

思春期の子を持つ親に必要な2つめの力、それはピンチの場面でこそ発揮される〝寄り添う力〟です。

「寄り添う」といっても、常にベタベタ一緒に過ごすことではありません。

子どもが友人とのトラブルで悩んでいるとき、部活の試合で負けて落ち込んでいるとき、その悲しみや感情に寄り添ってあげられる力、それが〝寄り添う力〟です。

「お母さん（お父さん）も友だちと意見が合わないときがあるよ」

「試合で負けて悔しかったんだね」

このように、**悲しみや苦しみに共感してもらえると、人の心にはエネルギーが蓄えられます。**

「自分はちゃんと受け入れられている」「わかってもらえている」と思うと、子どもの心にはじんわりとエネルギーが溜まっていきます。

心にエネルギーが溜まっていると、次に困難に直面しても、「もう少し頑張ろう」と前向きな気持ちが持てるようになるのです。

子どもが悩みを打ち明けたり、怒りや悲しさを話してきたら、まずはしっかり寄り添うつもりで、話を聞いてみましょう。

「うんうん」「わかる」と相づちを打ったり、「私もそんなときあるなぁ～」と言ったりすると、子どもにも伝わりやすいです。

●ポイント　親はジャッジを示さなくていい

子どもが悩みを打ち明けたとき、「それは○○ちゃんが悪いね」「先生が間違っている」とすぐにジャッジしてしまう親もいます。

しかし、親の役割は正誤のジャッジではありません。「いい」「悪い」は、親が考えるのではなく、子ども自身が自分で考え、気づいていくことなのです。

思春期の子を持つ親がすべきことは、つらさや悲しみを受け止めること。ただそれだけで良いのです。余計な親のジャッジは、子どもが〝自分の頭で考える〟機会を奪ってしまいます。

それは結果として〝親まかせの人生態度〟を育んでしまうのです。

「あれはお母さんがやったことだから」「あれはお父さんが決めたことだから」と、すべて「お母さんやお父さんのせい」にしてしまう。投げやりな人生の姿勢を子どもの中につくってしまいます。

「つらい気持ちを受け入れてもらえた」「悲しみに寄り添ってもらえた」

そんな経験が積み重なっていけば、親への信頼も着実に育まれていくはずです。

思春期の子を持つ親に必要な〝3つの力〟
③楽観的に考える力

思春期の子を持つ親に必要な3つめの力、それは〝楽観的に考える力〟です。

そもそも、なぜ親は子に対して「ああしろ、こうしろ」と口や手を出してしまうのでしょうか？

それは、**「心配するのをやめられない」からです。**

親離れをしようと試みる思春期の子どもは、しばしば反抗的な態度をとったり、粗暴な振る舞いに出たりします。それに対して親が感じる焦りやイライラ、怒りといったネガティブ感情が、心配を生み出す原因となっているのです。
では、この悪循環を断ち切るためにはどうすればいいのか。
それは親が〝楽観的に考える力〟をもつことです。

●ポイント「なんくるないさ〜」と唱えてみる

「まあ、いいか」「大丈夫」「なんとかなる」

こんな考え方で物事を受け止めてみましょう。沖縄の方言に「なんくるないさ」という言葉があります。やわらかい言い回しで、自然と楽観的になれるような言葉です。

子どもの生意気な行動にガミガミ言いたくなったときには、ゆっくり息を吐きながら、

「なんくるないさ」

「なんくるないさ」

「なんくるないさ〜」

そう3回唱えてみましょう。

子どもがいろいろ言っても親が「なんくるないさ〜」とおおらかに受け入れる。

そんな〝楽観性〟を身につけることは、思春期の子の親にとっても重要です。

「なんくるないさ」を思考のベースにして、子どもを肯定するポジティブな声がけを心がけましょう。

傷つくこと、恥をかくこと、失敗することも大事な成長につながる経験です。

親が先回りして手や口を出し、子どもを安全圏に押し込めようとすることは、大切な〝成長のチャンス〟を奪ってしまうのです。

家計が厳しい。夫婦ゲンカをしてしまった。子どもに対してイライラする。そんな自分の不安定な気持ちをラクにしたいとき。

テストで悪い点を取ってしまった。友だちからイヤなことを言われた。頑張っていたのに試合に負けた。これからの将来が不安。そんな子どもの不安定な気持ちをラクにしたいとき。

「なんくるないさ〜」という言葉が助けてくれますよ。

思春期の子どもにはいろいろな葛藤があります。あれこれと手を貸そうとして、子どもから「ほっといて」と言われたら、それが思春期のはじまりです。

まずはしっかりと見守ること。

子どもが相談をしてくれたら、話をよく聞き寄り添うこと。

「なんくるないさ」と楽観的になること。

そうして、子どもと一緒に親自身がもう一度大人に成長するつもりで対応しましょう。

なんくるないさ〜！

思春期の子の親がやりがちなＮＧなこと

①〝質問攻め〟〝過干渉〟は逆効果

「だから言ったでしょ」「ちゃんと勉強してるの？」「そんなんで大丈夫？」

心配のあまり、日常的にこんな言葉を口走っていませんか？

残念ながら子どもへのこれらの声がけはすべて悪い効果しかありません。

思春期の子どもにとって、プライベートは何よりも大切な領域です。友人との微妙な関係性、コンプレックス、悩み、恋愛感情など、そこには繊細で重大な事柄が渦巻いています。いちいち質問されれば、うんざりしてしまうのは当然です。

思春期の子どもにとって、質問攻めにされることは、心の中にズカズカと踏み込まれるような不快な経験でしかありません。

●ポイント　ささいなことには口を挟まない

聞いてほしいことがあるときは、子どもは聞かれなくても自分から言い出します。もっと親子のコミュニケーションを取りたいからと、質問攻めにして言葉を引き出そうとするのはNGです。

「今日は学校どうだった？　数学のテストの結果は？　放課後は誰と遊んだの？」

帰宅早々にこんなふうに問いただされて、喜んで答えてくれる子はほとんどいません。むしろ「うるさい」「ほっといて」と冷淡に返されるでしょう。

日常のささいなことには、できるだけ口を挟まない。

子どもが自分から話してきた事柄には関心を示してしっかりと聞く。

この2つを実践しましょう。子どもは「自分は、お母さん（お父さん）から信頼されているんだ」と感じるはずです。

②ヒートアップしてやりあってしまう

思春期の〝自分づくり〟には、数年にわたる時間と大きなエネルギーが必要になります。その過程で、しばしば見られるのが家族への〝反抗〟です。

「今どきそんな考え方をするなんて古すぎる」「お母さんみたいには絶対なりたくない」「お父さんは何もわかっていない」などと感情的に口走り、親の意見や価値観に真っ向から反対してくる。「このクソババア」「クソジジイ」と怒鳴ってくる子もいるでしょう。「死ね」「消えろ」と言われるかもしれません。

これはわかりやすい反抗期の特徴です。

真っ向から反発してくるのではなく、内に閉じこもるタイプの子もいます。

以前は何でも話してくれたのに、帰宅するとすぐ自室に閉じこもるようになった。何を聞いても「別に」「それで」「特にない」と気のない返事しかしない。これもまたひとつの反抗の形です。

●ポイント　子どもと同じ目線に立たない

このように反抗的な態度に出られると、ついイラッとしてしまう親は多いでしょう。「何だとこのクソガキ」「だったら出ていけ‼」とキレてしまう人も少なくありません。

ただし、ここで親が子に負けじと声を荒げたり、正論で追い詰めたりするのは逆効果です。お互いに引っ込みがつかなくなり、争いはどんどんヒートアップしていく一方です。

このようにならないためにも〝親が一歩下がる〟をしましょう。

子どもの怒りに引きずられず、一歩離れた場所から、なるべく冷静に向き合うことが大切です。

そもそも、親は大人です。親のほうから〝大人になる〟べきなのです。

人生経験が浅い子どもを相手に、ムキになって声を荒げるのは大人がとるべき態度ではありません。

では怒りがこみ上げたら、どうするか。

一番のおすすめは**〝イラッとしたら、その場から離れる〟**こと。いったんその場を離れるなどしてクールダウンの時間をつくりましょう。具体的な方法については、第2章の90ページから詳しく説明します。

③子どもにレッテルを貼る

子育てカウンセラーとして、35年間にわたり数多くの親子関係を見てきました。

その過程で気づいたことのひとつに、〝親は子にレッテルを貼りたがる〟という事実があります。

「うちの子は気が弱くてひとりでは何も決められないんです」

「やさしすぎる子なので、友だちからいいように扱われそうで心配です」

「とにかく幼い頃から何をやらせても不器用で鈍いんです」

もちろん、当たっている部分もあるでしょう。ずっと一緒に暮らしていれば当然です。

けれどもそのレッテルはいつ貼られたものでしょうか？　もしかすると、ずっと昔に貼った古いレッテルを、今も変わらずそのままだと思い込んでいませんか？

あなたの本当の子どもは、あなたが思っている子どもとは〝すっかり別人〟かもしれません。

思春期の子どもは親の知らないところで、ぐんっと成長するものです。

幼い子ども時代の姿にとらわれず、ひとりの大人として向き合っていきましょう。

●ポイント　子どもの悩みは、親の不安のカガミ

子どもは日々成長する生き物です。５歳の子が、そのままの性質で15歳になることはありません。

それなのに、親が「この子はこうだ」という思い込みにとらわれ、そうした言葉を投げ続けていては、子どもの成長の芽もつぶされてしまいます。

そもそも親が子どもに貼るレッテルの大半は、実は親自身の気持ちがあらわれているにすぎません。自分のコンプレックス、理想や希望を自分の子どもに投げかけ、それがレッテルとなっているケースも非常に多く見られます。

目の前にいる子は、５歳のときのあの子ではありません。親であるあなたとも別の人間です。かつてのレッテルを、そろそろはがしていく時期にきているのです。

思春期の子どもにとって スマホはどんな存在？

近年、子育ての悩みで圧倒的に多いのが、スマートフォンとの付き合い方です。友人との交流ツール、情報の検索、ＳＮＳ、ゲーム、動画など、スマホには子どもを夢中にさせるありとあらゆるものが詰まっています。持っていないせいで仲間外れにあうこともあれば、逆に持っているせいでトラブルに巻き込まれることもあります。非常にむずかしいアイテムです。

特にＳＮＳに夢中になると、スマホは自分の分身のような存在になります。自分の部屋に持ち込むと、それ以外のことが手につかなくなる子どもも、少なくありません。

そうならないためには、スマホを買う前に親子で話し合って、ルールを決めましょう。「夜10時以降は自室に持ち込まない」「スクリーンタイム機能で時間制限を加える」など、具体的にルールを決め、それを守るようにするのです。

また、スマホの取り扱いで、友だちとのトラブルがわかる場合もあります。

「メッセージにはすぐに返信しないと」

「このアプリをやらないと、友だちと話せなくなるの」

子どもがこのように言い出したら、いじめや同調圧力に巻き込まれている可能性があります。夜中に「先輩から呼び出された」と家を出て行った子どもが、実はいじめられていたという事例もあるのです。

友だちの中で、何か特別な決まりがあるのか、困っていることがないか、聞いてみましょう。

かといって、子どものスマホを覗き見するのは絶対にNGです。勝手に見られたことがわかると、親に心を閉ざし、信頼しなくなってしまいます。

深夜までスマホに夢中……どうしたらいいの？

「目に悪いし寝るのが遅くなるから、夜にスマホは見ちゃダメ」

親子間でそうルールを決めたはずなのに、いつのまにか子どもがベッドの中にスマホを持ち込んでこっそり深夜まで見ていた……。

そういうケースは決して珍しいことではありません。そして、この場合に「なんで約束を守れないの？」と一方的に子どもだけを責めても仕方ありません。

「何か連絡が来ているかもしれない」「ゲームの続きがやりたい」「ＳＮＳをチェックしたい」

好奇心をかき立てられるのは、アプリやＳＮＳの仕組みがそうさせているのです。

夢中になって抜け出せなくなることは、大人の私たちでもよくあるのではないでしょうか。その中で「明日の仕事に支障が出るから」「依存症になるのは怖いから」などと理由をつけて、断ち切っているのです。

夜のスマホは〝使えない〟仕組みをつくる

好奇心や誘惑を断ち切るのに有効なのは、うまく諦めさせることです。

ではどうするか。そもそも使うことができなければ、諦めるしかありません。

おすすめは最初から〝夜は使えない〟仕組みをつくっておくことです。

たいていの通信キャリアはペアレンタルコントロールのためのサービスを各種用意しており、アプリの利用時間を制限できる機能も備わっています。

iPhoneであれば〝スクリーンタイム〟という機能が最初から入っていて、アプリごとに1日あたりの使用制限をあらかじめ決められます。

Android端末でも制限機能の設定はできます。代表的なアプリといえば〝Googleファミリーリンク〟でしょう。Googleが提供するこのペアレンタルコントロールシステムでは、1日の総利用時間や特定アプリの利用時間を制限できます。同様のアプリは他にもありますので、ご家庭に合ったものを調べてみてください。

ただし、スマホ端末による利用制限には〝抜け道〟があることも事実です。デジタルネイティブ世代の子どもたちは、中学生ともなれば大人以上にネット検索のノウハウに長けてきます。

「スクリーンタイム　解除」「利用制限を無視」とちょっと検索するだけでも、機能の盲点をついたさまざまな〝裏ワザ〟や〝抜け道〟が、すぐに見つかってしまいます。また、仲の良い友だちから「こうすれば制限をはずせるよ」と情報が回ってくることもあるでしょう。

最終手段は回線を切る

もしも、子どもが何らかの裏ワザを使って動画やゲームをしていたことが判明したら、それを解決するための対応策を打ちましょう。さまざまなやり方があるかと思いますが、スマホ端末ではなく、Wi-Fiルーターを見直す方法もあります。

最近では、曜日や時間帯を指定して、Wi-Fiルーターにつながる時間帯を設定できる機能を搭載したルーターが登場しています。これは端末ごとに利用制限時間を設定できますので、子どものスマホ端末を「夕方4時から夜10時までは使用OK、夜10時以降は制限をかける」と設定してしまえば、その時間帯に限ってはネットに接続できなくなります。

大切なのは、ネットに接続される時間帯を最初にはっきり決めておくこと。その都度怒って防ごうとするのではなく、使用ルールを決めてメリハリをつけましょう。

親のスマホ依存にも要注意

大人自身もスマホの扱いには見直しが必要です。ボストン大学医療センターの研究では、「スマホ依存度が高い親ほど子どもを厳しく叱責する」傾向があることが報告されています。

また、アメリカの中高生を対象にした調査によれば、「会話中に親がスマホに気を取られていると感じる」と回答した子どもが25％、「時々、親は自分よりもスマホを大切にしていると感じる」と答えた子どもは20％に上ったと報告されています。

親が無自覚にスマホ依存に陥ってしまった結果、親子間の日常のアイコンタクトやコミュニケーションが減少しているのです。

親と子、どちらがスマホ依存になっても、親子関係にはマイナスの影響しかありません。親子で一緒にスマホとの付き合い方を学びましょう。

第2章

思春期のイライラ・反抗に向き合う方法

思春期の「反抗」にはちゃんと理由がある

「一体どうしちゃったの？」「なぜ突然変わってしまったの？」

子どもが思春期に突入すると、大半の親がそんな戸惑いを抱きます。

いつも不機嫌で無愛想。話しかけてもろくに返事をしない。スマホに夢中。繊細だけどプライドが高い。情緒不安定になった。すぐに感情を爆発させる……。

大丈夫。それはいたって〝よくある〟思春期の姿です。

〝反抗的〟に見える態度にも、理由があるのです。

思春期になると、子どもは保護者や大人から心理的に離れて、自立を求める気持ちが強くなります。自分だけの信じられるもの、正しさや価値観の基準を求めるようになります。これはとても大変な作業です。大人は思春期の子どもの心の中で、そのような心の動きが起きていることを理解しましょう。

「自分でもどうしたらいいかわからない」が態度に出る

思春期の子どもの〝反抗的な態度〟の背後には何があるのでしょうか。

「このままじゃだめだ」という焦り。

「そんなの間違っている」という怒り。

「自分をわかった気になってほしくない」という苛立ち。

思春期の〝自分づくり〟の過程で起きる他者や社会への反発が、〝反抗〟という形を取ってあらわれるのです。


自分でもどうしたらいいかわからない。何と言ったらいいかわからない。そんなモヤモヤした気持ちを的確に伝える言葉を持っていない。これが〝反抗〟という形で表現されるのです。

次ページから思春期の代表的な〝反抗期の３つのタイプ〟について説明します。

思春期の子の反抗タイプ
①「別に」しか言わない
〝閉じこもり型〟（コミュニケーション回避型）

親が話しかけても答えない。口を開いても「別に」「さあ」と気のない返事しかしない。気に入らないことがあると返事をしない。「うるさいな」と部屋にこもる。

反抗期の約5割を占めるのが、このタイプです。

多くの子どもは小学校中学年までは、「ねえねえ、聞いて」と親にまとわりつき、おしゃべりをしたがります。学校での出来事、友だちの話、好きなマンガの感想など、親に「話したいこと」が毎日あふれかえっています。

ところが思春期を境に、口数が激減します。親とのコミュニケーションを避けて、ひとりの空間にこもるようになります。

●ポイント　〝閉じこもり型〟に後追い・侵入は厳禁

　では〝閉じこもり型〟の特徴が子どもに見られたとき、親としてどう対応すべきでしょうか？

　そのヒントは昔話『鶴の恩返し』にあります。「中を見ないで」と言って機織り部屋にこもった女性の姿をした鶴。ひとりきりで美しい反物を織り上げた鶴の姿は、〝自分〟という存在を新しくつくり変えようと懸命な思春期の子どもと同じです。

　このとき、親がしてはならないのは〝後追い〟です。返事がないからと質問攻めにするのはやめましょう。さらに**持ち物やスマホをチェックしたり、部屋をあさったりは絶対にNGです**。思春期の子どもは「自分の世界に侵入された」と感じると、心のシャッターを完全におろしてしまいます。後追いや侵入はせず、我慢強く見守りながらほうっておくスタンスを心がけましょう。

思春期の子の反抗タイプ
② 「うるさい！」「ほっといて！」と反発・敵対する〝闘争型〟

ささいなことでごねて、反抗的な態度に出る。「あんたの考えを押し付けるな」と感情のままに反発する。親が話している最中に「もういい！」と声を荒げてドアを乱暴に閉める。感情的になって物に当たる。「クソババア」「うっさいバカ」「死ね」といった暴言を吐く。このように反発心をあらわにします。

〝闘争型〟は、最もわかりやすい反抗パターンです。普段は〝閉じこもり型〟でもカッとなると〝闘争型〟に転じるなど、両方のタイプの子も少なくありません。

しかし、内心は「自分でもどうしたらいいのか、何て言ったらいいのか、わからない」と、イライラしている子が大半です。

●ポイント　バトルの土俵に親は上がらない

〝闘争型〟の子と関わる秘訣は、〝同じ土俵に上がらない〟ことです。

子どもの乱暴な言葉にカッとなって、声を荒げて言い返してしまう。同じ目線に立ち、一歩も引かずにケンカしてしまう。親がこのような態度に出ると、子どもも引っ込みがつかなくなります。結果、親子間の争いはさらにヒートアップします。

そうならないためには、**ケンカが本格化する前に親側が〝一歩下がる〟**ことです。その場をいったん離れるなどして、時間と距離をおけば感情はクールダウンできます。気持ちを落ち着かせるさまざまな方法は、90ページも参考にしてください。

〝攻撃的な反抗〟は〝エネルギーの大きさ〟を示してもいます。上手に思春期のステージを乗り越えることができれば、持ち前のパワーを生かして目標に突き進み、パワフルな人生を送れるようになるかもしれません。

思春期の子の反抗タイプ③ 〝反抗期がほとんどない子〟は大丈夫？

「うちの子、反抗期がないんですが大丈夫ですか？」

思春期の子を持つ親御さんのカウンセリングをしていると、こういった悩みも意外と多いのです。

親との会話や関わり方が児童期からずっと変わらず、素直で無邪気、そして思春期らしい攻撃性もない。親としてはラクで嬉しい反面、「このままでいいの？」「あとで大変なことにならないか？」と不安になってしまうのです。

高校や大学に入ってから、もしくは25歳〜30歳で遅れて反抗期が始まる子もいますが、「ずっと反抗期がない」という子もいます。親の目から見て特に心配ないのであれば、**反抗期がなくても基本的には問題はありません。**

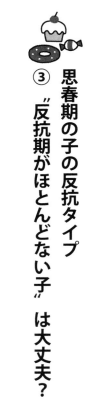

●ポイント　反抗心を水面下に押し込めている可能性も

ただし、その中には親子関係を見直したほうがよいケースもあります。

例えば、親に〝いい子〟であることを過剰に求められてきた子どもが、親に本心を出せないまま10代をやり過ごしてしまう場合もあるのです。「うちはそんなふうに厳しい子育てはしていません」と言いながらも、実はやんわりと支配的な子育てをしている親も実際のところ少なくありません。

外から見れば素直で従順。けれども実は自分の感情より親の機嫌ばかりを気にして、怒りを押し込めている。そんな子は大人になってから、大きく反動が来ます。〝自分〟がない優等生は、あとから遅れて苦しみがやってくるのです。

反抗というのは〝親に言いたいことが言える〟ことの証でもあります。親として子どもが言いたいことを言えているのかどうか、もう一度振り返ってみてください。

子どもを〝ひとりの大人〟として扱う

親から話しかけられても「別に」とコミュニケーションを拒否する。「うるさい」と反発をする。反抗期の子どもの特徴は幼稚で、大人としての行動ではありません。だからといって、子どもと同じ土俵に立ってケンカをしたり、無理やり言うことを聞かせても、親子の溝はますます深まるばかりです。

反抗期を早く終わらせるための有効策のひとつ、それは子どもを〝大人扱い〟することです。**一人前の人間として親から尊重され、〝大人扱い〟されるようになると、子どもは自分の行動に責任が取れる大人へと成長しやすくなります。**

「今日は学校で何があったの？」

「別に」

「テストはどうだった？」
「まだ返ってきてない」
「自己採点はしたんでしょ？」
「うるさいな！　もうほっといてよ」

こうしてケンカに発展していきます。親としては普通に会話をしているつもりでも、子どもにとっては「自分は信頼されていないから、しつこく聞かれるんだ」「勉強のことばかり聞かれてうっとうしいな」と感じてしまうのです。

最初に話しかけるときも、ご近所さんとのおしゃべりや会社の隣の席の人に雑談をするくらいの気持ちでいきましょう。

「この唐揚げおいしいね」「今日こんなことがあってさ」と自分のことを話すと、子どもは自分に興味があることは乗ってきますし、興味のないことはスルーします。スルーされてもイラッとせず「忙しいんだな」くらいに軽く捉えてＯＫです。

子どもを信じて見守る

「思春期はむずかしい時期。子どもの話をたくさん聞いてあげよう」

「何か悩みがあるなら言ってほしい。きっと役立つアドバイスができるから」

子どもへの愛情と心配する気持ちから、そう考える親は多いでしょう。

けれども、そのように親が前のめりに関わってこようとすると、たいていの子どもは激しく反発します。無言で受け流す子もいれば、「うっせえ！」とキレて激しく反抗する子もいるでしょう。


こういった行き違いも、思春期特有のものです。子どもからすればわずらわしい干渉でしかありません。思春期の子の悩みは、今の自分が一番隠したい弱い部分に関わることです。自分の弱みと向き合って、自分で解決しようとしています。

子どもを肯定する声がけを

思春期は自己肯定感を育てる重要な時期です。

親が子どもをずっと〝子ども扱い〟していると、子どもはいつまで経っても自分を信じられません。自分に自信が持てないままだと、健全な自己肯定感も育たなくなってしまいます。

子どもが思春期に差しかかったら、「子どもだから無理」と一方的に決めつけるのはやめましょう。さまざまな経験や挑戦を通じて、子どもは自分の違った面を発見していくはずです。

「どうしてできないの？」という否定的な声がけはやめましょう。

「あなたならできる」「失敗しても大丈夫」と子どもへの信頼をベースにプラスの声がけを心がけていくようにしましょう。

〝過保護〟から卒業しよう

うまくいっていた親子関係が、思春期を境に、突然噛み合わなくなることがあります。

そのわかりやすい例が〝過保護〟な親子関係です。

何でもかんでも「やってあげる」と手や口を出してくる。子どもの意思を無視して、親が考えた安全な道へ誘導しようとする。自立心が芽生え始めた子どもにとって、このような親の過保護・過干渉はわずらわしいものです。

思春期は子どもが親から離れて、自立した人間になっていくまでの大切な時期です。いつまでも親が思考や判断を肩代わりしていては、子どもの成長の芽がつぶされてしまいます。子どもが「自分でやるから」「ほっといて」と言い出したら、できる限り、子どもの自主性を尊重しましょう。

「○○しなさい」が口癖の親は要注意

「宿題しなさい」「明日の準備はできたんでしょうね？」

子どもが小学生のうちは、そんなふうに声がけしながらお尻を叩いていた親もいるでしょう。しかし、このような声がけが通じるのは、せいぜい9歳くらいまでです。思春期に入ると、親から「○○しなさい」と上から目線で命令されることに子どもは激しく反発を覚えます。そのような兆しが見えてきたら、対応を変えていきましょう。

思春期の子は〝半分大人〟〝大人子ども〟です。命令口調や頭ごなしの否定は、反抗心を強めてしまうだけです。「宿題しなさい」ではなく、「宿題、もう終わった？」と軽い表現に変えるだけでも、子どもは返事がしやすくなるはずです。

ガミガミ怒鳴っても何も届かない

「なんで宿題やってないの！　あんなに時間があったのに一体何してたの？　いつもそうなんだから。まったく同じことを何度言わせるの……」

宿題をしない子どもを見かねて、こんなふうにガミガミ怒鳴っていませんか？

残念ながら〝ガミガミ〟に込めた親の怒りは、子どもの心には届きません。「わかった。今すぐやるね」と宿題に取りかかる子はいないのです。

怒鳴る。大声を出す。こういったやり方で「言うことを聞かせてきた」親は、そろそろその方法を卒業しなければなりません。

〝怒鳴る〟から〝伝える〟へ

思春期の子と向き合うときのキーワードは〝尊重〟です。親はできる限り子どもの意見に耳を傾け、受け入れていくことが大切です。例えば、〝宿題に手をつけない〟場合は「どのタイミングでならやる気が出る？　どうすれば手をつけられるようになるかな？」と、親子で知恵を出し合って一緒に考えてみてください。

もちろん、最初からうまくはいきません。現実的でないアイデアが子どもの口から飛び出すこともあるでしょう。それでも頭から否定するのはＮＧ。一緒に解決策を考えていきましょう。

子どもに気づいてほしいことがあれば、「○○のときは△△だね」と事実を簡潔に〝伝える〟のが有効です。親から自分が尊重されていると実感できるようになれば、子どもの自立心は着実に高まっていくはずです。

〝体罰〟〝怒声〟は親が未熟な証拠

思春期の子どもの言葉は、大人と違ってまだ手加減を知りません。相手の痛い部分を容赦なく突く残酷さがあります。

そんな生意気な言動や振る舞いにカッとなって、思わず手を出してしまった。そのような方もたくさんいるでしょう。

かつて、子どもへの体罰が〝愛のムチ〟〝愛の鉄拳〟などと言われた時代もありました。しかし、体罰はどんな言葉に言い換えても結局は暴力です。

殴らなくては伝わらないことなど、世の中にひとつもありません。

同様に、殴ったからこそ伝わるようなことも何ひとつありません。

まずは、この事実をしっかりと覚えてください。

「あまりに屁理屈をこねるので見かねて殴ってしまった」

「反抗的な態度が目に余るので平手打ちをした」

このように、子どもに暴力をふるった親は、その理由を正当化します。

けれども理由が何であれ、暴力は自分の怒りやイライラをコントロールできなかった結果です。自分より弱いとわかっている相手を、力でねじ伏せているにすぎません。

親から殴られると、子どもは親への不信感をどんどん強めます。暴力そのものへの慣れが生じて、多くの場合、学校で他の子どもに暴力をふるうようになります。

〝暴力は連鎖する〟のです。

暴力をふるってしまう親は、90ページからのクールダウンの２ステップをぜひ実行してください。親自身の〝感情の切り替え〟が必要なのです。

クールダウンのための2ステップ

①深呼吸

ここからは思春期の子のイライラや反抗に、親として具体的にどう向き合っていけばよいか、説明していきます。

子どもの反抗パターンがどうであれ、親の基本スタンスは〝一歩離れて、見守っていく〟ことです。これに変わりありません。

とはいえ、親だって人間です。「クソババア」「死ね」など傷つくことを言われたら、子どもに対して悲しみや怒りが湧くのは自然なこと。その気持ちを押し殺して、一切愚痴らずに見守りなさい、という話ではもちろんありません。

重要なのは、親自身が〝自分の安全を保つ〟こと。そのために子どものイライラに引きずられず、感情を切り替えることが必要です。

子どもの言動にイラッとしたら、〝鼻から3秒吸い、お腹からながーく吐く呼吸〟をしましょう。

①1、2、3とゆっくり数えながら鼻で息を吸う
②いったん息を止める
③お腹からゆっくり細く、できるだけながーく息を吐きながら、10まで数える

①～③までを5回繰り返してください。怒りの感情に支配されかけていた脳が、少しずつ冷静になっていくのを実感できるはずです。

呼吸に集中している間は、不用意に言い返すこともできなくなります。いったん間合いをとることは非常に有効です。それでも怒りが収まらないときは、次ページを参照してください。

クールダウンのための2ステップ
②その場から離れる

深呼吸してもまったく怒りが収まらない。そんなときは〝その場から離れる〟を実行してみましょう。

子どもからいったん離れて、自宅から〝親が出ていく〟のです。30分ほど買い物に行ったり、ファミレスで好きなものを食べたり、一人カラオケで発散してくるのもいいでしょう。ケンカをしている者同士が同じ空間にいると、どうしてもイライラやカリカリが増幅してしまいます。

その場からいったん離れて、冷静さを取り戻しましょう。

家を出るときは「用事を思い出したからちょっと出てくる」と必ず一言添えてください。

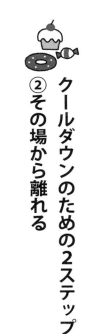

リフレッシュタイムは5分だけでも効果があります。

家から出ることがむずかしければ、別の部屋やトイレに5分こもって、次のリラックス方法を試してみてください。

・スマホで楽しい動画を見る
・紙にイライラやもやもやを書き出す
・アロマオイルや香水など好きな香りをかぐ
・不要な紙をちぎる
・クッションや布団にパンチする
・〝鼻から3秒吸い、お腹からながーく吐く呼吸〟をする

いったん離れてクールダウンできたら、もう一度子どもに関わってみましょう。

子どもを出て行かせるのは危険

ここまで読んで、「距離をおけばいいのなら、子どもを出て行かせるのもありでは？」と考える方もいるかもしれません。子どもに向かって「出て行け！」と口走ってしまった経験を持つ親も少なくないはずです。

しかし、このような場面では〝自分から離れる〟のが大人の役割です。

子どもが自分の意思でその場を離れるのであれば問題ありませんが、大人が「出て行け」と命じるのは絶対にいけません。本当に家出してしまっては、取り返しのつかないことになります。今はＳＮＳで「家出をした。手伝って」と発信すれば、協力してしまう人もいるのです。

イライラしたまま「子どもを変えよう」としても、絶対にうまくいきません。まずは親が〝自分を安定させる〟ことが先です。

続きは
5分後に…
ちょっと
ストップ!

親は〝立派な大人〟を演じなくていい

子育てのスタート地点に立ったとき、多くの親は「子どもにとってのいいお手本にならなくては」と思います。

けれども、子どもが必要としているのは、〝理想的な親〟や〝完璧な家族〟ではありません。むしろ〝欠点がある不完全な親や家庭〟のほうが、思春期の子どもにとっては救いになる場合が多いのです。

なぜかというと、思春期が悩み多き時期だからです。ここで、あなたが思春期の子どもになったと想像してみてください。いつも笑顔で弱音を一切こぼさない〝立派な親〟に、自分の悩みを相談したくなるでしょうか?

〝弱音を言える家庭〟をつくろう

〝完璧な親〟には、なかなか自分の悩みを打ち明けづらいものです。むしろ、自分の弱さを隠さずに見せてくれる相手のほうが、ずっと助けを求めやすいはずです。子どもも、自分の弱い部分をさらけ出しやすくなるはずです。

「今日さ、お母さんね、会社でこんな失敗しちゃったんだ」

「お父さん、小さい頃にこんな大失敗したことがあるよ」

そんなふうに日頃から親が率先して、自分の弱い部分、恥ずかしい部分を出していきましょう。**夫婦が子どもの前でお互いの悩みを相談し合う姿を見せるのもおすすめです。**

子どもはそんな親の姿を見ながら、「親だって完璧じゃないんだ」「弱音は言っていいんだ」ということを徐々に学んでいくでしょう。

10歳を過ぎたら、親は家にいる時間を増やす

10歳くらいまでの子どもにとっては、親に認められることが何よりも大切でした。お母さんに褒められた。お父さんに感心された。それが子どもが何かを頑張るモチベーションになっていました。

ところが、子どもが9～10歳頃になると事情が変わってきます。親よりも友だちのほうが大切になり、仲間外れにあったり、いじめられたりと、つらい思いをするようになります。何を聞いても「大丈夫」としか言わなくても、実は心が折れそうになっている子も少なくありません。

「10歳ならもう手がかからないから安心」とパートなどを始める親もいます。

しかし、実は友人関係でつらいことが増えてくるこの時期こそ、親はそばにいる

時間を増やしたいものです。

家庭だけでなくさまざまな居場所をつくる

子どもが10歳前後になったら、親は再び子どもと一緒の時間を意識してつくるようにしましょう。

働き方の多様化によって、リモートワークが推奨されるようになりました。在宅勤務が可能になり、親子の時間が増えた家庭もあるでしょう。親が家にいてくれる安心感は、子どもにとってはやはり絶大です。

一方で、仕事の事情で帰りが遅くなる家庭もあります。その場合、子どもの居場所づくりを心がけてください。〝習い事で友だちと過ごせる場をつくる〟〝近所の友人と頼り合う〟など、方法はたくさんあります。むしろ、こういった他者との関わりが、親といる以上に充実した時間になる場合もあるはずです。

子どものSOSは観察して察知する

思春期の子どもは自分の気持ちを話すのが苦手です。

ただし、子どもの行動の変化から、SOSを感じとることはできるはずです。

・表情が暗くなった

・急に無口になった

・寝付きや寝覚めが悪くなった

こうした変化が感じられたときは、親子でゆっくり話せる時間をつくりましょう。

このとき、無理やり聞き出すのは逆効果です。質問攻めにするのではなく、子どもが自分から話しやすい空気をつくるのがポイントです。外のカフェやファミレスに一緒に行くほうが話しやすいこともあるかもしれません。

第３章

学校と勉強の付き合い方

「学校に行きたくない」と言われたら

「今日は学校に行きたくない」

ある日、子どもから真面目な顔で言われたら、おそらく、ほとんどの親はショックを受けて、慌ててしまうのではないでしょうか。

こうした場面で大切なのは、決して子どもを責めないことです。

「学校に行きたくない」理由は、実は「子ども自身にもわからない」ことが多いものです。「理由がわからずに、学校に行けなくなってしまった自分」に戸惑い、困っているのです。

こんなとき親から「どうして行きたくないの？」とたずねられても、子どもは困ります。「自分でもわからない」としか言いようがないからです。

根掘り葉掘り理由を聞きたい気持ちはひとまず抑えましょう。

「とりあえず、今日は休んでみようか?」と休みをとって、1日、子どもの様子をみてみましょう。

休む日が定期的になってしまったら

週に一度くらい、ぽつぽつと休んでしまうくらいなら、ある程度、見守り続けることが大切です。ただし、2日連続で休むのが当たり前になってきた場合は気をつけてください。「休むのは週に1日までだよ」と念をおしておきましょう。不登校が週3日になり、4日になると、学校に行かないことに体が慣れてしまうのです。

休みが週2日を超えるようなときは、家族の力だけでは対応がむずかしくなります。学校の先生やスクールカウンセラーに相談しましょう。

その際には、子どもに了承をとることが必要です。

朝起きられないのは脳のせいでもある

早起きが苦手。日中でも眠くてたまらない。

そのために、学校に行きたがらない子がいます。

もともと体が弱いわけでもなく、無理なスケジュールでもないのに、朝起きられないのは、脳のホルモンのせいかもしれません。

10代の子どもは脳のホルモンによって、体内時計が2時間、大人とはずれていることがあるのです。

脳の発達研究を専門とするフランシス・ジェンセン博士の著書『10代の脳』によると、10代の子どもの脳では睡眠を誘うホルモンのメラトニンが大人よりも2時間遅く放出されることがわかっています。

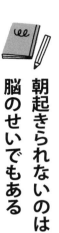

つまり、10代の子どもの脳は〝夜型〟なのです。「そろそろ寝なさい」と言われる夜の9~10時は、子どもにとっては「まったく眠くない」時間帯で、朝の7時は「まだまだ眠い」時間帯という睡眠サイクルが、脳によってできあがっています。

子どもの脳は夜型なので、本当は脳に合わせると中学校や高校は10時30分スタートくらいでちょうどいい。それが10代の子どもの脳にとっては〝自然〟なのです。

しかし現実には学校では朝型の時間割が組まれています。

学校の朝型の時間割に合わせて毎日無理をしているため、多くの10代の子どもたちは普段から少しずつ、脳に疲労が蓄積しています。

睡眠の質を上げるサポートを

めざましく成長する思春期の心身にとって、十分な睡眠は必要不可欠です。10代特有の睡眠パターンを踏まえた上で、保護者は睡眠の質を上げるサポートを心がけましょう。

最も効果的なのは、テレビやスマホ、タブレットとの付き合い方を見直すことです。スマホの画面を2時間見続けると、メラトニン（睡眠ホルモン）は2割減るといわれています。

寝る1時間前にはスマホやタブレットなどの使用をやめるルールを家族で設定しましょう。

同じ理由で宿題を後回しにして夜遅くにするのもおすすめできません。

これらの習慣が定着するようになれば、体がリラックスして眠りやすくなります。

どうしてもスマホやタブレットがやめられない場合は66ページの方法も試してみましょう。

次のページからは子どもが学校に行きたがらない、もうひとつの理由である〝いじめ〟についてお伝えします。

親が気づきにくい〝いじめ〟

33ページで、「ほぼすべての思春期の子どもは『いじめた』ことがあり、『いじめられた』ことがある」とお伝えしました。

「うちの子は能天気なタイプだからいじめなんて無関係」

「小さい頃からやさしい子だったからいじめる側になるなんてありえない」

そう思い込んでいるのは、もしかすると親だけかもしれません。

思春期は〝自分づくり期〟です。思春期の子どもは自分のプライベートな領域をとても大切にします。自立心やプライドもありますから、親には話したくないことや、話せない秘密も増えていくでしょう。

実際、子どもが学校でいじめに関わっていたとしても、親が気づけるようなケースはめったにありません。

子どもが言い出しやすい状況をつくる

週に一度以上、子どもが「休みたい」と言った場合は、何か理由があるのかもしれません。まずは「何でも話していいいんだよ」という状況をつくってあげましょう。

ポイントは〝親が自分の話をする〟ことです。

「私も、学校行きたくないときがあったよ。そのときは嫌な人がいたんだ」と伝えることで、子どもは「こうやって話したらいいんだ」とわかります。

いじめは学校の人間関係の中で起こる問題です。

子ども自身が「自分がいじめられているのか判断がつかない」という場合もあります。そんなときは親が人間関係で悩んでいた話をすることで、「うちのクラスにも嫌なことをしてくる人がいる」と、子どもが教えてくれる場合があります。

子どもがいじめられているとわかった場合

　では、子どもがいじめの被害にあっていることを打ち明けてくれたらどうすればいいのでしょうか。**親としてはまず、「それはつらかったね」「勇気を出して話してくれてありがとう」とねぎらいの言葉をかけましょう。**

「自分はいじめられている」と告白することは、とても勇気がいるものです。打ち明けるまでには、我慢やみじめな思い、葛藤がたくさんあったことでしょう。だからこそ、その勇気をまずはねぎらってください。

　次に伝えたいのは、「何があっても私は味方だ」というメッセージです。

「お母さんとお父さんは何があっても味方でいる」「あなたを守るためならどんなことでもするから」と子どもの目を見ながら力強く宣言してください。

勇気をねぎらい、心に寄り添う。これが出発点です。**さらに「どうしてもつらかったら逃げてもいいんだよ」と伝えましょう。**

社会に出ていくと、自分ではどうしようもないこと、誰かに相談しても解決できないことに直面することがあります。

会社からハラスメントを受ける、いい人だと思って結婚した人から暴力を振るわれる。そんなときに「自分さえ耐えれば」と我慢をしては、心も身体も壊れてしまいます。**いざというときに〝逃げる力〟（逃げて自分を守る力）を身につけておくことはとても大切です。**

どうすることもできなくなってしまったら、学校を辞めていい、転校してもいいと選択肢があることを伝えましょう。

思春期の子どものいじめは、発見するのも、解決するのもむずかしいです。子どもと話すことができたら、担任教師やスクールカウンセラーと連携して、解決に向けての道のりを模索していきましょう。

子どもが心を閉ざすＮＧワード

「あなたにも悪いところがあったのでは？」といじめられた子を責める親もいます。これは絶対に言ってはいけません。仮に子どもに何か悪いところ、欠点があったとしても、それがいじめられていい理由には絶対になりません。そもそも誰にだって、何かしらの欠点はあるものです。

「あなたが強くなればいい」「そんなこと、しないようにすればいいでしょう」といった言葉もＮＧです。勇気を出してＳＯＳを発したのに、「自分を変えろ」と説教をされたら、子どもはもう心を開いてくれなくなります。

「相手の家に怒鳴り込んでやる！」と大騒ぎしたり、号泣する親の姿を見せたりするのもやめましょう。

親は大人です。子どもの前でどーんとかまえておくことを心がけましょう。

学校側と協力していじめ問題を解決するために

では、自分の子どもがいじめをされているとわかったら、親はどう動くべきでしょうか。いじめは一歩対応を間違えると、問題がこじれて悪化する繊細な問題です。どんな手順で学校側と関わればよいのか、頭に入れておきましょう。

①担任に連絡する

まずは、子どもがいじめ被害を受けている事実を担任教師になるべく冷静に伝えましょう。このとき大事なのは、「いったいどうしてくれるんですか！」などと感情的に教師を責め立てないことです。一方的に強いクレームを浴びせられると、多くの人は守りに入ってしまいます。

最初の段階では「うちの子がいじめられているかもしれないので、様子を見ていただけませんか」と控えめなスタンスで切り出しましょう。これを受けて担任は保護者から聞いた情報を踏まえ、事実確認のために動き出すはずです。

②学年主任か生徒指導主任に連絡する

しかし、すぐに動いてくれる担任ばかりではありません。子どもたちにさらっと話を聞いただけで「特に問題はないようですよ」と満足に取り合ってくれないケースもしばしばあります。

担任とのやり取りだけでは事態が動かない場合は、学年主任、あるいは生徒指導主任の先生に連絡をとりましょう。いじめの解決策についてそれなりに見識を持つ経験値の高い先生が学校に一人はいるはずです。

③それでもだめなら校長へ

これらの手順を踏んでも事態が変わらない場合は、校長先生に連絡をしましょう。校長は学校の〝最後の砦〟です。ここで解決できないと、必然的に教育委員会まで問題が上がってしまいます。その事態を避けるためにも、学校全体で真剣に解決に向けてコミットしてくれるはずです。

学校側との交渉ですべきではないこと

保護者が学校の対応に失望し、「もう学校は信用できない」と、学校とのつながりを自分から断ち切ってしまうケースも少なくありません。

自分の子がいじめられているのに、いつまで経っても状況は変わらない。そんなつらい状況が続けば、親として見切りをつけたくなる気持ちもわかります。

しかし、これは決して得策ではありません。

なぜなら、自分の子どもがいじめられていることを学校に相談した結果、その7〜8割が解決に至ったという調査結果もあるからです。

いじめの多くは学校の中で起きています。

だからこそ、その場の責任者である担任や学年の教師と連携していかなければ、いじめは解決するのがむずかしいのです。

親もカウンセリングを受けて心を安定させる

子どもがいじめられていると知って、平気でいられる親はいません。

親もまた、怒りや悲しみで頭がいっぱいになってしまうのではないでしょうか。

そんなときは、大人同士でつらさを分かち合ってください。「なんでうちの子がこんな目に」「本当にそうだよね」と夫婦でつらさを分かち合うだけでも、心の重荷はほんの少し軽くなります。

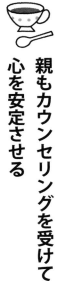

まず、担任の先生や学校のスクールカウンセラーに相談しましょう。

自治体の教育センターなど、公的機関でカウンセリングを受けるのもおすすめです。親がつらさを抱えたままで余裕がなくなると、子どもはさらにふさぎ込んでしまいます。親自身の気持ちの安定を整理した上で、問題解決に向けて粘り強く取り組んでいきましょう。

自分の子どもがいじめ加害者だとわかった場合

「まさか、うちの子がいじめをしている側だったなんて」

子どもがいじめ加害者だと知らされたとき、親は大きなショックを受けます。責任感が強い親ほど、「自分の子育ては間違っていたのか？」と怒りや憤りに襲われるでしょう。

いじめは人の一生を大きく捻じ曲げる、犯罪にも等しい行為です。

けれども、加害者である子どもを感情的に怒鳴って追い詰めるだけでは、根本的な問題は解決しません。

まずは、現実を直視するところから始めましょう。

いじめのほとんどは、複数の子がひとりの子を追い詰める構造になっています。「うちの子だけじゃない」と責任から逃れようとしたり、事実を確認しないまま「誰かのせいでやったんだ」「その子が『いじめられた』と思い込んでいるだけかも」と推測をしても、解決にはなりません。

自分の子どもが加害者の一人としてひどい行為をしていた。その現実を認めてください。

もうひとつ、大切なことは〝行為の卑劣さ〟と、〝いじめ加害をした子どもの気持ち〟を区別することです。

いじめは絶対に許されません。暴力や暴言で執拗に嫌がらせをすることは、相手の尊厳を奪うのと同じです。**「あなたのしたことは絶対に許されることではない」**そう冷静に伝えた上で、なぜそんなことをしたのかを一緒に考えましょう。

そして、相手のお子さんのお宅に親子で謝罪に行きましょう。

自分の子どもの卑劣さを認めることは、親にとってもつらいことです。心から謝罪する親の毅然とした姿は、子どもの心にも強く刻まれるはずです。

女の子が巻き込まれやすい思春期の戦場

思春期の入り口にあたる小学３〜４年生くらいから、女の子は同性の友だちとの結びつきが特に強くなります。２〜４人程度の仲良しグループをつくるようになるのも、この頃からです。親には秘密のおしゃべりや、親友とお揃いでおしゃれをすること、一緒に出かけることが一番の楽しみになっている子も多いでしょう。

しかし、女の子にとって友だちとの仲良しグループは、常に安心できる居場所ではありません。

はっきりものを言う友だちに萎縮して本音を言えなくなる、ケンカの板挟みになって「どっちの味方？」と追い詰められる、ちょっとした行き違いでＳＮＳのグループから外されるなど、強い同調圧力に苦しめられることもあります。

男の子が巻き込まれやすい思春期の戦場

10歳を過ぎると心が不安定になるのは、男の子も同じです。

思春期になると男の子の体内では、男性ホルモンの一種であるテストステロンの分泌が急激に増えます。テストステロンには体毛を濃くしたり声変わりをさせたりする働きのほかに、戦いや攻撃性を高める作用もあります。

競争に夢中になったり、態度や言葉遣いが荒っぽくなったりするのには、こうした性ホルモンの影響もあるのです。

男の子の場合もグループは形成されますが、女の子同士ほど強い同調圧力はありません。ただし、「それでも男かよ」と言われるプレッシャーは、思春期により強まります。どちらが上か、強いか、といったものさしで自分や他者をはかり、外れた人間は排除される。このように〝男らしさ〟で構成されたヒエラルキーで、声を出せずに苦しんでいる男の子は残念ながら今も大勢います。

「友だちがいなくても大丈夫」という視点を持つ

思春期の子どもにとって、〝グループ〟に所属することは自分の居場所を得る上で大きな意味を持っています。女の子のほうがその傾向は強く出ますが、男の子もやはりどこかのグループに所属することで安心感を得ています。

では、どこのグループにも入れない子どもは、間違っているのでしょうか？

不完全なまま思春期を過ごしていることになるのでしょうか？

もちろん、そんなことはありません。無理に話を合わせる。笑いたくもないのに笑う。見えないルールからはみ出さないように気をつかう。そんな毎日が続くと、心はどんどんすり減ってきます。それは大人も子どもも同じでしょう。

一人でいるほうが充実した時間を過ごせるのならば、無理に友だちをつくる必要はないのです。

〝ひとりの時間〟に育つ豊かさもある

とりわけ、自分の好きなことがはっきりしている子にとっては、ひとりの時間は好きなことに没頭できるかけがえのない時間です。想像力や創造性、クリエイティブな能力に優れている人の多くは、幼少期から〝ひとりの時間〟が好きだったものです。

学校の友だちが少なく、家でぽつんと過ごすことが多い子でも、夢中になれるものがあるのなら、あまり心配する必要はないでしょう。こういった子は自立心がしっかり育っている頼もしいタイプだともいえるでしょう。

中高生であればもしかすると、学校には友だちがいなくても、ＳＮＳを通じて気が合う仲間をすでに見つけているかもしれません。

「うちの子、ひとりで大丈夫？」と不安になるよりも、「何に興味を持っているんだろう」と子どもの行動に目を向けてみましょう。

「勉強には意味がない」という子に何をどう伝える？

「勉強することの意味がわからない」

「将来何がしたいかなんてわからない」

「何が自分に向いているのかなんて、わからない」

このような悩みもまた、思春期ならではのものです。

こうした問いを子どもから投げかけられたとき、多くの大人は「勉強することで将来の選択肢が増えるんだ。だから今頑張るんだよ」といった正論を伝えるのではないでしょうか。

ある意味では模範的な回答です。けれども、こうした一般論は、思春期の心にはほとんど響きません。

「わからない」は子どもの本音

子どもの「わからない」は本音です。なぜ勉強するのか、わからないのにやらなければいけない。何が向いているのか、わからないけれども進路を選ばなければいけない。このギャップに子どもは戸惑っているのです。

勉強することの意味。将来やりたいこと。どんな人生を送りたいのか。

子ども本人が時間をかけて悩みながら、自分なりの答えを見つけていくしかありません。もし、子どもから「勉強する意味がわからない」と悩みを打ち明けられたら、**一人の人間として本音で「私はこう考える。あなたはどう思う？」と考えを伝えてみてください。**

親の意見に同意や疑問を抱きながら、子どもは自分で考えていくでしょう。そのプロセスが成長につながります。

「勉強しなさい」と言われるほど やる気は下がる

小学校5年生になったら宿題に手を付けなくなった。

中学生になって部活動を始めたとたん、まったく勉強しなくなった。

そんな子どもにうんざりして、つい「勉強しなさい！」と声を荒げてしまう。そんな悩みを抱える親も多いでしょう。

お気持ちはよくわかります。中学、高校受験が視野に入ってくる年齢であればなおさら心配でしょう。

けれども、「勉強しなさい」と怒鳴られ続けた結果、素直に勉強するようになる子はいるでしょうか。少なくとも私は一人も見たことがありません。

親の「勉強しなさい」は無意味です。

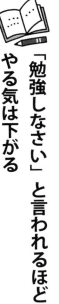

それどころか、子どもの意欲を奪うマイナスの影響しかないのです。

「あなたを信頼してない」というメッセージ

親に「勉強しなさい」と言われるたびに、子どもの心には「どうせ勉強しないと思われているんだ」「親は自分を信じてくれていない」という気持ちになっていきます。

つまり、「勉強しなさい」という言葉の裏側には、「あなたを信用していない」というメッセージが張り付いているのです。

人間は「自分は信用されていない」と感じた途端、ガクンとやる気が失われます。「今、やろうと思っていた」と抵抗する子どもに、「何言ってるの、いつもそう言ってやらないでしょう！」と追い打ちをかけていませんか？

こうなると、ますます勉強に向かうモチベーションは下がります。親が「いい加減に勉強しなさい」と繰り返すほど、子どものやる気と自己肯定感は削られていくのです。

「勉強や宿題をしない子」にどう接すればいい？

では、子どもの勉強の意欲を引き出すにはどうすればよいでしょうか。

子どもに〝信頼と期待のメッセージ〟をていねいに送り続けることです。

子どもが娯楽に夢中になっていたら、「やりたい気持ちになったら、自分から勉強してくれるよね。そうしてくれると嬉しいな」とさりげなく声をかけてみてください。すぐに勉強し始める確率は低いですが、少なくとも〝さらに意欲を奪う〟のは避けられるはずです。

このとき、ポイントは2つあります。

ひとつは、同じ目線に立ってフラットに伝えること。上から目線で押し付けるのではなく、横からそっと手渡すように伝えてみましょう。「自分は対等に扱われている。ちゃんと尊重されているんだ」と実感できれば、相手の言葉は素直に耳に入ってくるものです。

もうひとつのポイントは「自分から勉強してくれたら、お母さん（お父さん）は嬉しいな」と親が自分を主語にして語りかけることです。期待と信頼を前提とした声がけをされると、「親は自分のことを尊重してくれている」「認めていてくれる」と実感できるようになります。すると、子どもは自然に親の期待と信頼にも応えたくなるのです。これは親子だけでなく、あらゆる人間関係に応用できるアドラー心理学の〝勇気づけ〟というアプローチです。

すぐに効果が出る方法ではありません。粘り強く〝勇気づけ〟の声がけを続けていくと、親子に信頼の関係が築かれていきます。

これ以上無理に子どもに〝勉強させる〟必要はありません。〝勉強する〟のは子ども自身の課題です。親の課題ではありません。

それでも成績を上げたいときの裏ワザ

「勇気づけの声がけをしながら、子どもが自分から勉強するのを待つ」といっても、本当に全然勉強しないようでは、子どもの将来が不安になってきますよね。

そんなときは、**子どもから見て〝ナナメの関係の人〟に勉強の意欲を高めてもらいましょう。**

ナナメの関係とは、年上のいとこや友達、先輩、塾や習い事の先生など、子どもから見て「お兄さん」「お姉さん」と呼びたくなる関係のことです。

〝塾の先生〟〝家庭教師の先生〟が大学生のお兄さんやお姉さんだと、効果的なことがしばしばあるのはそのためです。

親と子の上下の関係ではなくて〝ナナメの関係〟が思春期の子どもにとっては大きな意味を持つのです。

とりわけ思春期といえば異性に関心を持ち始めるときです。この気持ちを逆手にとって、子どもの好きなタレントに近いタイプの家庭教師をつける、そのような講師の個別学習塾に行かせるなどしてみましょう。

「○○くんは英語が本当に得意だから、次の期末試験は、こんなふうに勉強すればきっとできるようになると思うんだ」

としっかりと目を見つめられて言われることで、「○○先生から言われるならその期待に応えたい」という気持ちが高まって、成績が急上昇するのです。

〝ナナメの関係の人〟との関わりで、やる気を高める子は多いものです。子どもは悩みも相談しやすくなり、勉強以外の場面でも、力になってくれます。

頑張っているのに成績が上がらない子には〝頑張ったプロセス〟を伝える

「勉強は本人なりに頑張っているが、努力がなかなか成績に結びつかない」
「塾に通い始めたのにまったくテストの点数が変わらない」
「毎日3時間勉強したのに順位が伸び悩んでいる」

このような悩みもよく耳にします。

この場合は、まずは〝結果〟からいったん意識を切り離しましょう。結果（＝成績）にとらわれるのではなく、〝頑張ったプロセス〟に目を向けましょう。

「いつもより理科の勉強時間を増やして工夫したよね。頑張っていたのを知っているよ」「努力している姿を見て、すごいなと思ったよ」など、**子どもの具体的な行動に着目して、それを伝えていきましょう。**

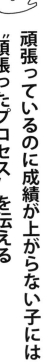

「自分の頑張りを見ていてもらえたんだ」と実感することが、意欲の高まりにつながります。

落ち込んでいる子に必要なのは〝共感〟

努力が必ずしも結果に直結しないのは、勉強以外でも同じでしょう。

部活の試合で失敗したせいでチームが負けてしまった。習い事の発表会でミスをして悔しい思いをした。そんな場面で子どもが落ち込んでいると、親としては「よくあることだから大丈夫」「そんなに落ち込まないでいいよ」と励ますことに気を取られがちです。

けれども、励まされるほどに、子どもは自分だけが悲しみの中に取り残されたような気持ちになります。子どもが必要とするのは励ましではありません。

必要なのは「自分と一緒に落ち込んでくれる」人の存在です。

「今日のために頑張ってきたんだもんね。それは落ち込むよ」と一緒に落ち込みましょう。一緒に落ち込んでくれる人がいることが心のエネルギーになっていきます。

〝教育熱心〟と〝教育虐待〟の違い

〝教育虐待〟という言葉をご存知でしょうか。

自分の子によい成績をとってほしい。一流校に進んで、安定した幸福な人生を送ってほしい。医者になってほしい。○○の資格を取ってほしい。一途にそう願い、**熱心に教育しているだけのつもりが、いつの間にか子どもを精神的に追い詰めてしまっていた。これが〝教育虐待〟です。**

教育虐待が恐ろしいのは、親が「自分がしていることは虐待である」と自覚しづらい点です。親だからこそ、子どものために一生懸命勉強させようとしている。

つまり、親としては「いいこと」をしているつもりなのです。家庭内のことですから、指摘してくれる第三者もいません。だからこそエスカレートしやすい。どこまでが〝教育熱心〟で、どこからが〝教育虐待〟なのか。その境界線は曖昧で、あってないようなものです。

〝教育虐待〟に陥りやすい親のパターン

無意識のうちに〝教育虐待〟をしてしまっている親には、大きく分けて2つのパターンがあります。

ひとつは、親自身がエリートコースを歩んできたパターンです。「自分と同じように中学受験をして私立一貫校から偏差値の高い大学へ進んでほしい」など、親が正しいと思い込んでいるルート以外は論外、と決めつけてしまうパターン。

もうひとつは、親が学歴コンプレックスを持っているパターンです。「自分と同じような苦労はしてほしくない」「自分は英語を話せないから子どもには話せるようになってほしい」など、自身のコンプレックスを重ねて、子どもに自分の願望を押し付けてしまうパターンです。

親のエゴで子どもの人生を支配してしまうのです。

「もしかして教育虐待かも」と思ったら

子どもの教育に熱心な親であれば、**「もしかすると、自分がよかれと思ってしてきたことは教育虐待になっていたかも」**と不安に思うかもしれません。

では、どうすれば一線を越えずにいられるのか。教育虐待を行わないためには、早い段階で親が自分の〝危うさ〟に気づくことがとても重要です。

子どもの心を追い詰めないために、次の3つのポイントを振り返ってみましょう。心当たりがある場合は、親子関係のふり返りのためにカウンセリングを受けるなどしてもいいでしょう。

①「子どもには子どもの人生がある」と思えること

たとえ親子でも〝子どもと親は別の人格〟です。子どもはあなたの期待に応えるために生まれたのではありません。親の望み通りのレールを歩き続けると〝自分の意思がない〟大人になってしまいます。

②「子ども言うことを聞かせた」ときに優越感や快感を感じていないか

子どもを叱って言うことをきかせたときに、心の奥底に「勝った」という気持ちが湧いてきたら注意です。子どもを屈服させたときに感じる優越感、子どもを支配しているときに親が感じる万能感や快感は、虐待の入り口です。

③「親には言えないSOS」を言える相手が子どもにいるのか

完璧な親はいません。誰しも気づかないうちに一線を越えてしまうかもしれません。そうなったときに重要なのは、子どもがSOSを出せる相手がいるかどうか。学校の先生、塾の先生、スクールカウンセラー、おじさんやおばさんなど、子どもが弱音を吐き、助けを求めることができる大人が周囲にいるかどうかが大切です。

志望校を決めるのは親ではなく子ども本人

中学・高校受験が視野に入る年齢になってきたら、学校選びについてまずは親子で話し合う機会をもちましょう。

学校選びで何よりも大切なのは、子ども本人が志望校を選ぶことです。親からも「どこを受験するかはあなたが選ぶんだよ」と普段から子どもに伝えておきましょう。そして、親子で一緒にいろんな学校に足を運んでみてください。

「自分が選ぶんだ」という意識で見学すると、子どもは能動的にその学校の雰囲気を感じとろうとします。

「ここで学校生活を送れたら楽しそうだな」というポジティブなイメージが描けるようになれば、受験勉強へのやる気や集中力アップにもつながるでしょう。自分の意志で選んだ志望校であれば、合格後も勉強を継続させる大きなエネルギー源になるはずです。

自分で志望校を選ぶことは受験に失敗した場合にも意味があります。

「自分で志望した学校に不合格だった」ケースと「親に無理やり受験させられたのに不合格だった」ケースとでは、同じ不合格でも後者のほうが格段に否定的な気持ちを引きずります。親への恨みや怒りにもつながってしまうかもしれません。進路選択の無理強いは避けましょう。

受験には、さまざまな選択肢があります。親が楽しく学生時代を過ごした母校が、その子どもにとってもいい学校とは限りません。

校則が多少厳しくても秩序が整っている伝統校が落ち着く子もいれば、活気があって自由な雰囲気の学校を好む子もいます。私立と公立、女子校・男子校と共学、いずれにもそれぞれ異なる良さがあります。

その子の個性によって、ベストな学校は変わってくるのです。

もし志望校に落ちてしまったら

子ども自身が第一希望として目標に掲げ、精一杯勉強してきた。

けれども結果は不合格だった。

こんなとき、親が最もやってはいけない行動はどんなことでしょうか?

それは、当事者である子ども以上に、親が悔しがったり落ち込んだりと大騒ぎすることです。親が自分以上に落ち込む姿を見ると、子どもは「自分は親の期待に応えられなかったダメな人間なんだ」と思うようになり、挫折感を深めてしまいます。

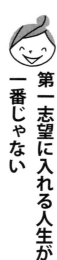

受験の結果は、自信喪失と自己肯定感の低下だけだった、ということにもなりかねません。親は子どもの落ち込みに寄り添って「**頑張ってきたから落ち込むよね。でも大丈夫。きっとあなたにとって一番いい学校に受かることになるよ**」と簡潔に励ましてあげましょう。

第一志望に入れる人生が一番じゃない

第一志望の学校に合格できない子はたくさんいます。

第一志望の学校に入れる人生が一番いいかどうかは、長い目で見ると案外わからないものです。第二志望の学校に入ったからこそやりたい夢が見つかった、最高の親友に出会えた、という幸運もあるでしょう。

逆に、無理をして偏差値の高い第一志望の学校に合格したけれども、入学後は周囲についていけず、劣等感を抱いてたちまち落ちこぼれてしまった、という例もよく聞きます。

〝合格した学校がその子の能力を伸ばすのに一番よい学校〟であることは実際しばしばあるのです。

「思うようにならないこともあるけれども、それでも前を向いていく」という姿勢が重要です。そこで子どもは〝**挫折から立ち直る力（レジリエンス）**〟を学ぶのです。

第4章

必ず知っておきたい性教育

恋や性に関心を持つのは自然なこと

体と心が少しずつ大人へと変わっていく思春期は、恋や性への関心も自然と高まっていく時期です。「クラスの○○くんと両思いになった！」と親に報告してくれる子もいれば、「親とは恋バナなんてしたくない」という子もいるでしょう。どちらであっても、親がとるべき態度は変わりません。

一番大切なことは、恋愛や性的なことを否定しないことです。

誰かを好きになること、その相手に触れたいと思うこと、「付き合うってどんなこと？」と興味を抱くようになるのは、人としてごく自然な感情です。

子どもが恋愛の話をしてきたり、好きな人について打ち明けてきたりしたときに、茶化したり、「そんなことより勉強は？」などと言うのはNG。「あなたも恋をするようになったんだね」とそのことを喜び、関心をもって話を聞きましょう。

子どもは親の嫌悪に敏感

　最もよくない対応は、「恋愛なんてまだ早い」「いやらしい」などの否定する言葉を言うことです。はっきりとは口に出さなくとも、アイドルや芸能人に夢中な子どもに「バカみたい」といった態度をとると、子どもは敏感に察知します。そうした体験が積み重なると、「恋愛や性的なこと＝親と話してはいけない」「隠しておくこと」と学んでしまいます。

誰かに恋をすることは、素晴らしいことです。

　気づけば目で追ってしまう。言葉を交わしただけでドキドキする。相手を思うだけで幸せになれる。そんなあたたかでまっすぐな感情が湧き上がること自体、その子の心が豊かに成長している証です。恋愛や性的なことを否定したり、特別視したりせず、他の話題と同じようにフラットに受け止めていきましょう。

セックスについては オープンにさらっと伝える

小学校高学年から中学生にかけて、特に性的なことへの興味や関心が高まります。「触れたい」「キスをしたい」という欲求やセックスへの興味が湧き上がると同時に、ほとんどの子が「自分の性器の形って変かな？」と不安やコンプレックスを抱くようになります。性的なコンテンツに興味を持つようにもなるでしょう。

子どもからセックスにまつわることを質問されたり、家庭で性的なことが話題にあがったりしたときは、自然な姿勢できちんと話しましょう。

照れや気まずさから「まだ早い」と突っぱねる親もいますが、これは親が未熟な証拠。早いかどうかを決めるのは親ではなく、子ども自身です。現実には、中学生でセックスの初体験を済ませる子も決して少なくないのです。

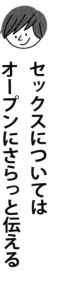

では、具体的にどう伝えればよいでしょうか。

もし、「セックスって何？」と子どもに聞かれたら、「好きな人同士が愛情を分かち合う大切な行為」とやさしい言葉で伝えてください。子どもが小学４年生以上であれば、「男性のペニスが女性の膣内に入って射精する」という仕組み、それが妊娠につながることも含めて伝えてあげましょう。隠すのではなく、オープンにさらっと伝えるのがポイントです。

とはいえ、言葉だけで説明するのはむずかしいテーマでもあります。最近では、小中学生向けの性教育の本や、10代向けの真面目な動画が格段に充実していますので、そういったコンテンツを上手に利用するのもよいでしょう。

セックスの大切さと意味がわかれば、それは好きな人と行うものであること、妊娠や性病のリスクがあることなどについても、わかってくるはずです。

夫婦が仲良くスキンシップする姿を見せよう

子どもには幸せな恋愛をしてほしい。

つらいときも支えてくれる素敵なパートナーを見つけてほしい。

親としてそう願うのであれば、**何よりも効果的な方法は「両親が男女として仲良くラブラブに過ごしている姿を普段から見せる」ことに尽きます。**

子どもにとって両親は、一番身近な〝カップルのお手本〟です。親のやり取りを通じて、子どもは恋愛や結婚観を学んでいくのです。

「子どもの前でラブラブな姿を見せるのは恥ずかしい」という人もいるでしょう。しかし、それでは夫婦間の愛が子どもの目に見えません。

子どもの前でキスしたりハグしたりする習慣をつけましょう。「愛してる」と言葉を伝えることも大切です。

それが照れくさい場合は手をつなぐ、腕を組む、寄りかかる姿を見せるだけでも十分です。ぜひ、子どもの前でスキンシップの見本を見せましょう。

〝ケンカは仲直りまで〟をセットで見せる

夫婦ゲンカは子どもの前でしない、と考える人もいます。しかし、スキンシップと同様に、「夫婦ゲンカも子どもの前でしたほうがいい」と私は考えています。

そもそも夫婦といえども別の人間。ひとつ屋根の下に一緒にいれば、意見が異なる場面も必ず出てきます。ケンカせず、沈黙ばかりの異様な雰囲気は必ず子どもにも伝わります。

〝本音をぶつけ合い、ケンカをしてその後で互いに歩み寄り、仲直りする〟このプロセスを子どもに見せましょう。

子どもは親のケンカを通して、謝罪の仕方や譲歩のスキル、そして〝ケンカをしても仲直りができる関係性を築くこと〟の大切さを実地で学べるはずです。

もちろん、声を荒げて脅す、相手を罵倒する、手を上げるなど、子どもが怯えるような激しいケンカは論外です。

子どもが見ている前でスキンシップとケンカ、両方ができる仲良し夫婦をぜひ目指してください。

ひとり親家庭は恋愛・結婚を日常の中で小出しに伝えていく

両親は最も身近な〝カップルのお手本〟です。

しかし、無理をしてまで夫婦でいる必要はありません。

「離婚したら子どもが不幸になる」

「子どものために離婚しない」

そんなふうに決めつけて、毎日我慢をしている夫婦がいます。

しかし、実際は〝言い争ってばかりの険悪な夫婦〟や〝関係が冷え切っている夫婦〟のもとで育った子どものほうが、つらいものです。

子どもが「自分のせいで親が我慢をしている」「離婚できないのは私のせいだ」と思うことで、親への反抗心や不信感が強まることもあります。

ひとり親家庭でも大丈夫です。恋愛や性について、子どもと一緒に考えることはできます。

生理や射精が当たり前であること、セックスや避妊の大切さ、さまざまな夫婦の形があること……。これらの話題を他のトピックスと同じ温度感で、日常の中で小出しに伝えていきましょう。そうすることで、子どもも意見や疑問を口に出しやすくなります。

「親がすべてを教えなくては」と気負う必要はありません。親戚やＰ１３０に示した〝ナナメの関係の人〟から伝えてもらってもいいでしょう。

学校や友だち、マンガ、ネットから学ぶこともあります。

恋や性にまつわる知識は一度で伝えきれるものではありません。焦らずゆっくりと、周囲の力を借りながら伝えていきましょう。

性の悩みは〝同性の大人〟が聞き役になろう

思春期の子どもの体の変化や悩みに関しては、可能であれば同性の親が話し相手になるのが安心です。女の子の悩みには母親が、男の子の悩みには父親が、それぞれ実体験を交えながら話しましょう。

「お母さんも生理痛が重いほうだからわかるよ。痛みがひどいときは早めに鎮痛剤を飲もうね」

「お父さんも○歳くらいから、そういうことに興味が出てきたよ」

といったように、子どもと同じ目線に立ち、実体験をさりげなく語りましょう。

「自分だけじゃないんだ」と気づくことができれば、子どもはグッと気持ちがラクになれます。できれば異性の家族がいないタイミングで、さらっと簡潔に伝えるのが秘訣です。ひとり親家庭で親子の性別が異なる場合は、親戚や友人にお願いしたり、子ども向け性教育の本などを使いながら、「男の子はこうなんだって」と適度な距離感で伝えていきましょう。

子どもに恋人ができたら認めて、受け入れる

好きな人と両思いになる。これは、とてもハッピーで素晴らしいことです。**もしも、子どもに恋人ができたとわかったら、そして子どもが嬉しそうにそれを報告してきたら、まずは「よかったね」「おめでとう」と子どもの気持ちに寄り添って祝福してあげましょう。**

「小学生なのにまだ早すぎる」などと、付き合うことに反対したくなる親もいるでしょう。しかし、真っ向から交際を否定されたり、過剰に詮索されたりすると、子どもは一切親に話してくれなくなります。何かトラブルが起きても、「親には話さない」「わかってもらえないから」となってしまいます。

思春期の子どもはすでに半分大人です。彼氏と彼女になったら、親が「そこから先はダメ」と逐一ストップをかけるのは不可能です。

セックスは〝同意〟と〝避妊〟をきちんと伝える

子どもに恋人ができたなら、セックスのことについても親はしっかり伝えるべきです。「中学生での初体験なんて早すぎる」「セックスは興味本位でしちゃだめ」といくら正論を伝えても、子どもたちの衝動や行動は止められません。何が何でもセックスをしないようにさせるのは、どうしたって無理なのです。

親にできることが２つあります。

それはセックスの〝同意〟と〝避妊〟の大切さをしっかりと伝えることです。

〝同意〟とは〝性的同意〟、つまり触れ合うこと、セックスをすることをきちんと互いがＯＫでしているのか、という当人同士の意志です。

若いカップルの場合、男の子に押し切られて女の子がセックスに応じてしまうケースが多いのですが、これは望ましい形ではありません。セックスには両方の〝同意〟が必要であることをぜひ伝えてください。

もうひとつの大切なことは、コンドームについてです。

「セックスをするなら、必ずコンドームをつけること」

これだけは子どもの性別を問わず、しっかりと教えておきましょう。

コンドームを使うことは、妊娠や性病のリスクから女の子の体を守ることです。

つまり、コンドームを嫌がることは、「自分の快楽しか大切じゃない（＝相手のことは大切ではない）」と言っているのと同じこと。

「子どもにそんな生々しい話をするなんて」と抵抗感を持つ親もいるでしょう。

しかし現実には〝外で出せば大丈夫〟と勘違いしたままセックスをして、妊娠してしまうケースが少なくありません。

また、「俺のこと愛してるんだよね。だったらコンドームはつけなくてもいいよね」と迫ってくる男の子もいます。

「それは愛ではないんだよ」「自分の快感だけを大切にする愛のない考えなのよ」ということを明確に伝えましょう。

低年齢での出産は、母体にも大きな負担がかかります。

子どもの人生を守るためにも、機会を見てぜひ親子で話をしてください。

女子校／男子校こそ異性との交流の場を

昨今では進学実績に惹かれて、中高一貫校を選ぶ家庭も増えています。もちろん、女子校／男子校ならではのいいところもたくさんあります。

「異性の目を気にせず勉強に専念できる」

「女子校だからこそリーダーシップが育まれる」

「男子校ならではの自由な校風がある」

「一生付き合える友人ができる」

といった点は大きな魅力でしょう。

しかし、異性に不慣れなまま大学生になってしまう危険性もあります。

思春期の子どもは異性を意識しすぎるあまり、〝男の子が苦手〟になったり、〝女の子を過剰に理想化〟したりするようになることがあります。

共学の場合、これらは一時的な現象として数年で終わってしまいます。

ただし女子校／男子校に進学した場合は事情が違います。

私の調査では「共学出身者の大学1～2年生で恋人がいる率」は男女とも約40％であるのに対して、男子校出身者はわずか9％‼　大学の授業などでも異性とのコミュニケーションはぎこちないまま。異性の友人もつくれません。

ハーバード大学の調査では男子校出身者の寿命は、一生タバコを吸い続けた人と同程度に縮まるとも言われています。最新の調査では、「異性の友人の数」が、寿命に大きな影響を与えるとも言われており、このデータとも一致します。

それほどまでに、思春期に異性と触れ合う機会をもつかどうかは人生に大きな影響を与えるのです。

10代の多感な6年間を同性だけで過ごすと、異性と触れ合う機会がほとんどもてないまま大人になってしまう子がいます。

恋愛以前のコミュニケーションすら困難になっている人も少なくありません。

もちろん、大学や社会人になってから軌道修正することも可能でしょうが、修正のチャンスをつかめないまま、20代、30代を過ごしてしまう人も一定数います。

もしお子さんが男子校、女子校に進む場合、他校との交流会や習い事など、他の機会に異性と接する場を確保するのがよいでしょう。P164で紹介するようなホームパーティーをやってみるのも効果的です。

異性に大きな関心を抱く10代半ば〜後半に、自然な形で異性と関わる場をつくることは、予想以上に大きな意味をもつのです。

第５章

社会に出て働くということ

「大人になったらなりたい」ランキングから浮かび上がるもの

自分には何が向いていて、どんな才能があるのだろう？

思春期はそんなふうに〝自分の将来〟のイメージが少しずつできてくるステージでもあります。〝社会で働く〟ことについて、少しずつ意識が向いていきます。

２０２１年に第一生命保険株式会社が行った「大人になったらなりたいもの」調査によると、次のような職業が人気の職業・トップ3として選ばれています。

〈小学生・男子〉

1位　会社員　　2位　ユーチューバー、動画投稿者　　3位　サッカー選手

〈小学生・女子〉

1位　パティシエ　　2位　教師・教員　　3位　幼稚園の先生・保育士

〈中学生・高校生・男子〉
1位　会社員　2位　ITエンジニア、プログラマー　3位　公務員

〈中学生・高校生・女子〉
1位　会社員　2位　公務員　3位　看護師

小学生1134人、中学生920人、高校生946人と、それぞれ調査をしたにもかかわらず、中学生と高校生は男女ともに同じ結果になりました。

リモートワークの増加で〝会社員〟が人気職業に

中学生、高校生の「大人になったらなりたいもの」1位は男女ともに〝会社員〟です。小学生男子も1位で、安定志向がうかがえます。

なぜ会社員が「なりたいもの」の上位に浮上しているのか？

この背景には、リモートワークの急速な普及が大きく影響していると私は考えています。近年、働き方が多様化して在宅勤務が広がったことで、〝親が働く姿〟を間近で見る機会が急増しました。子どもは日々の生活の中で触れ合っている職業に親近感や憧れを抱きます。かつては家庭から切り離されていた〝会社員〟いう職業が子どもにとって身近になったことで、将来の選択肢に入ってきたのではないでしょうか。

親以外の〝働く大人〟と話をさせよう

日本の子どもは親の姿を見て、「なりたいもの」に〝会社員〟を挙げています。

一方、アメリカの若者が「なりたいもの」を決めるきっかけのひとつは、ホームパーティーを通じてのいろんな大人との交流です。

子どもは直接話をした大人から影響を受けます。さまざまな大人と直に話をすることで、子どもの選択肢は増えるのです。

ぜひ、お母さん、お父さんの友人、特に自分と異なる職業に就いている人を自宅に招いて、大人と子どもが一緒におしゃべりができる機会をつくりましょう。

日本のホームパーティーは大人は大人、子どもは子どもで分かれがちです。これはよくありません。あえて子どもと大人をシャッフルして、「親の友人にその人の仕事の面白さを語ってもらう」とよいでしょう。「お風呂の洗剤の開発をしているけど最近こんな新製品を出したんだ」「マンションを売る仕事をしているけどこんなやりがいがあるよ」など。

働く大人の生の声をきっかけに、

「へえ、そんな仕事があるんだ！」

「その仕事、面白そう!!」

と子どもの興味や関心は広がっていくのです。

98%の子は「何をしたいかわからない」

中学・高校・大学受験で進路を選ぶことは、将来の自分の方向性を絞り込んでいくことです。

とはいえ、10代のうちから「将来はこの職業に就きたい！」とはっきり見えている子はごく少数派です。ほとんどの子は「何がやりたいか、どんな職業に就きたいかなんてまだ全然わからない」という状態でしょう。

アメリカのキャリア心理学の大家であるJ・D・クランボルツ博士の研究によると、**大成功したビジネスマンのうち、〝18歳のときに自分で思っていた職業で成功した人〟はわずか2%でした。残りの98%は、大学や社会人になってからのいろんな経験を経て、〝自分が本当にしたいこと〟が見えてきたのです。**

「自分が何をやりたいのか」わからなくて、当たり前なのです。

「とりあえず進学」で視野を広げてもいい

私の教え子たちを振り返っても同じようなものです。大学に入学した時点でぼんやりとしたイメージはあっても、〝人生で本当にしたいこと〟がわかっている学生はほぼいません。本書を読んでいるほとんどの保護者の方もそうだったのではないでしょうか。〝たまたま就いた仕事〟を一生懸命しているうちに、それが天職のように思えてきた、という方も少なくないでしょう。

大丈夫です。そのやり方は間違ってはいません。向き不向き、楽しめるか、やりがいを感じられるかは、やってみて初めてわかることです。

将来像がぼんやりしているのであれば、とりあえず進学をして視野を広げていきましょう。学びの領域を増やし、さまざまな実体験を積んでいくことで、自分のやりたいこと、やりたくないことが自然と見えてくるのです。

本音を言えば「働きたくない」子には

長年、大学で若者たちと接していると、

「できれば働きたくないし、結婚もしたくない」

という本音を打ち明けられることが時々あります。こういう傾向は、近年ますます強くなっているように思います。

こうした本音を漏らすのは、多くの場合、男子学生です。

働くのが面倒くさい。毎日満員電車でストレスフルに働いている会社員のようになりたくない。働くことにも、結婚することにも、肯定的な意味を見いだせない。

そう感じている学生は、決して少数派ではありません。

私は今の大人や社会を見て、「働きたくない」と感じることは、ある意味で非常にまっとうな感覚だと思っています。

「働くことの意味」は自分でしか見つけられない

今の日本は明らかに社会システムに歪みが生じています。

年功序列や終身雇用制度は終わりに近づき、正規／非正規雇用の差別、男女間の賃金格差など、さまざまな問題を抱えています。だからこそ、従来の古い価値観や誤った常識に違和感を抱くのは、とても自然なことです。

何のために働くのか。なぜ生きるのか。

その意味は、人それぞれに違います。〝お金のために働く〟という考えは一面では事実ですが、それだけではないでしょう。

〝自分らしい生き方をするために働く〟という価値観もあれば、〝世の中の役に立つために働く〟こと選ぶ人もいます。

いずれにせよ、これもまた親が正解を与えられる問いではありません。〝自分らしい働き方〟を見つけ、自分が〝働くことの意味〟を模索していけるのは、本人だけです。

お金の大切さを伝えるには家計簿を見せる

子どもの健全な成長を促すために、〝お金について親子でオープンに話す〟ことも大切です。

中学・高校生になると、お小遣いの額も上がり、出費もそれなりにかさんでくるものです。習い事や塾代、スマホの通信費、部活の遠征費、受験にまつわる費用など、お金が出ていく場面も増えるでしょう。

親としてはつい「お金のありがたみ、ちゃんとわかってる?」「こんなに高い塾代を払ってるんだから絶対合格してよね」と小言のひとつも言いたくなるものです。

しかし、残念ながらそれは子どもにマイナスの影響しかありません。

「私よりもお金のほうが大事なんだ」「私は愛されてないんだ」という思いに結びつくこともあるでしょう。

お金の大切さについて子どもにわかってほしいのなら、方法はただひとつ。〝お金について家族全員で率直に話す〟ことです。

子どもが中学生以上であれば、家計簿を見せて家のお金の動きをオープンにするのもよいでしょう。

親の月収、毎月の住宅ローンや光熱費、食費、学資保険の支払い、残ったお金から数十万円もする夏期講習の費用をどのように捻出しようと思っているのか。預金通帳や家計簿などを見せて、具体的な数字で一緒に考えましょう。

お金の話をちゃんとできる子のほうが、早く大人になる

「子どもにはお金の心配はさせたくない」という考えの人もいるでしょう。

しかし、お金の話をきちんとしないままでは、子どもはいつまでも一人前になれません。〝子ども扱い〟された子どもはいつまでたっても子どものまま。自立できないのです。

具体的な数字の重みを知ることで、子どもは〝働いてお金を稼ぐことの大切さ〟も実感できるはずです。

ここで気をつけたいのが、「お金を稼いでいるほうが偉い」わけではないということです。お金の大切さを伝えたあとに、子どもとのケンカで、

「文句があるなら自分でお金を稼ぐようになってから言いなさい」
「誰が稼いだお金で暮らせていると思ってるんだ」
と言ってしまうことがあります。

これらはコミュニケーションを閉ざしてしまうだけの言葉です。こう言われてしまうと、子どもは何も話してくれなくなります。親への嫌悪感が高まるだけです。

さらに、子どもが自分でお金を稼げるようになると、この言葉は通じません。「自分だってお金を稼いでいるんだから何をしてもいい」と思うようになります。お金を言い訳として使い始めると、どうしてもお金を稼いでいる人が強くなり、言われた側は何も言えなくなります。〝お金の大切さ〟を知っている大人だからこそ、「お金」という言葉で子どもを追い詰めないようにしましょう。

高校生になったら
アルバイトはさせていい

働くことの楽しさ。人の役に立って喜ばれる充実感。お金を稼ぐことの大変さ。〝働くこと〟にはこうしたさまざまな側面があります。

これらすべてを同時に学べるのが〝アルバイト〟の体験です。アルバイトをせず親が〝働く〟のを遠目に見たままでは、子どもは「労働って生活のために、したくないことを仕方なくすることなんだ」というイメージを抱きかねません。

もちろん、働くことは楽しいことばかりではありません。我慢しなくてはならないこと、苦手なのにしなければならないこともあります。だからこそ、〝働く〟ことで人の役に立つ喜びも、早いうちから現場で体験しておきましょう。もし子どもが「アルバイトをしたい」と言い出したら、背中を押してあげてください。

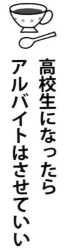

家計の事情と進学どう折り合いをつける？

子どもにはよりよい環境で学んでほしいと願うのはどこの親も同じでしょう。けれども現実問題として、子どもの教育にはお金がかかります。

昨今では都市部で中学受験のためにかかる塾費用の総額は２００万円前後ともいわれています。

大学進学にあたって、国立の文系と私立の理系では４年間の学費に大きな差が生じます。医学部だとさらにお金がかかるので、「家が裕福でなかったから、医者になるのを諦めた」という子は少なくありません。

地元の公立校に行くものと思っていた子どもが、中３になって突然「県外の私立高に行きたい」と言い出すこともあるかもしれません。

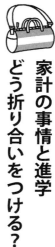

親としてはできれば希望を叶えてあげたい。

けれども金銭的には非常にむずかしい。

そういった場合、親としては子どもにどのようにして向き合っていくべきでしょうか。

子どもの〝生きたい人生〟のために、親子で一緒に作戦を練ろう

「うちはそんなお金がないから無理」と一方的に言い放つのはおすすめできません。

「私のことは大切じゃないんだ」「お金のほうが大事なんだ」と思い、親への不信感が強まるだけです。

ベストな方法は、預金通帳を見せるなどして、家庭の事情をオープンにして親子で話し合うことです。集めた情報を見ながら、子どもが自分の夢や希望の進路を叶えるために何ができるか、どうすれば現状の経済状態で少しでも子どもの希望を叶えることができるか、一緒に作戦を練ることです。

そもそもなぜその学校に行きたいのか？　その学校でなければならない理由は？　利用できる奨学金はあるか。うちの家計はこれくらいで、進学した場合の学費が占める割合はどれくらいか。その学校で学びながら本人のアルバイトで補うことはできるかなど……。

こういった情報をすべて親子でオープンにシェアして、話し合いましょう。その結果、希望する進学先が無理でも、「ここなら近いことが学べるよ」という代替案が出てくるケースもあるはずです。

大切なことは２つです。

①すべてをオープンにして話し合うこと

②子どもが少しでも自分の夢や希望を実現できるために何ができるか、〝親子で作戦会議〟をする雰囲気をつくっていくこと

「うちの親はお金はないけど、私の希望を叶えるために、全力で協力してくれた」

という思いが子どもに残るようにすることです。

第6章

思春期と家族

夫婦のラブラブが子どもに伝えていること

子育てで大切なのは、夫婦が愛し合っていること、「ケンカしたり仲直りしたりしながら、お父さんとお母さんは結局すごく仲良しなんだな」と子どもが感じていることです。

「お父さんとお母さんはケンカもよくするけど、とっても仲良し」

このあたたかい感覚が、子どもの心の安定感につながります。

「お父さんとお母さんは愛し合っていて、自分も愛されて育ってきた」

そんな実感が子どもの中にしっかり根差していることが、思春期を乗り越えるパワーになります。

日本人はスキンシップが少なすぎます。「うちは普通」と夫婦が思っていても、子どもは「お父さんとお母さんが手を握ったり、キスしてるのを見たことがない。きっと愛し合ってないいんだ」「私がいるから二人は別れてないだけ。本当は愛なんて冷めきっている」――こう思っているケースもあります。もっと子どもの前でラブラブカップルでいるほうがいいと思いますよ。

喜びも怒りも哀しみも楽しみも、すべてを家族で分かちあう

もちろん、３６５日ずっと仲良しでいる必要はありません。

夫婦のどちらかが威圧的だったり、本音を言えずに溜め込んだりしていると、子どもはそれを察知します。

無理に衝突を避けるのではなく、〝オープンにケンカ〟をして本音を言い合いましょう。〝ケンカして仲直り〟までのプロセスもひっくるめて子どもに見せること

が大切です。

笑顔だけでなく、喜びも怒りも哀しみも楽しみもすべて分かち合い、語り合いましょう。

怒りや悲しみなどのネガティブな感情を見せないでいると、子どもがいじめや失敗などで悩んでいても両親に打ち明けづらくなってしまいます。実際に私のカウンセリングにも、「両親がいつも笑顔だから、いじめられていることを言い出せなくて」と、自殺未遂まで追い込まれてしまった子がいました。

〝本音を語り合い、聞き合える家族〟こそ、本当の家族なのです。

「聞いてよ、今日は会社でこんな嫌なことがあって」

「そうなんだ。大変だったね。こっちもこんなことがあって……」

こんなふうに、1日5分でいいので、**夫婦で愚痴や弱音を聞き合い、語り合いましょう。子どもは「この家では、つらいときはつらいと口に出していいんだ」と思えるようになります。**

夫婦仲がこじれて悪化した場合は？

子育ての悩みを夫婦だけで解決することがむずかしい場合はどうすればよいでしょうか。

私はカウンセリングなど外部の助けを借りることをおすすめします。

日本人はどうしても家族の問題を内々に解決したがります。しかし同じメンバーだけで修復しようとしても、ますます煮詰まって溝が深まるケースも少なくありません。子どもに関する悩みであれば、まずはスクールカウンセラーに相談しましょう。夫婦間の関係性にまつわる悩みであれば、夫婦が一緒に受けられるカウンセリングがよいと思います。

そのときのポイントは〝夫婦で一緒に、同じカウンセラーのところに通う〟ことです。

夫婦が異なるカウンセラーに別々にカウンセリングを受けると、相手への不満ばかりを吐き出してしまい、かえって関係が悪化することもあります。

「まだやり直したい」という気持ちがあるのならば、夫婦で同じカウンセラーのところで、一緒にカウンセリングを受けるのがおすすめです。

夫婦仲が悪いままでも子どもを幸せにするためにできること

夫婦を続けていると、うまくいっているとき、関係がこじれて冷めきっているとき……さまざまなときがあります。「もう話したくない」「愛情を感じられない」と思うほどに、心が離れてしまうこともあるでしょう。離婚する人もいれば、お金のことなど、さまざまな事情で夫婦関係を続ける人もいるでしょう。

決断は人それぞれですが、もしも離婚せずにやっていく道を選ぶのであれば、気をつけてほしいポイントが２つあります。

①子どもをどちらかの〝味方〟にしないこと

例えば、母親が子どもを味方につけ、夫を共通の敵とみなすようなやり方は家族間の溝が深まるだけです。誰も幸せになりません。

「お父さんがお母さんに意地悪なこと言ってくるんだけど……」

「ママのこういうところがムカつくんだよな」

と子どもに伝えても、子どもは板挟みになるだけです。

パートナーへの愚痴や不満は、子どもにぶつけず、相手に直接伝えるようにしてください。子どもを夫婦関係の悪さに引きずり込まないようにしましょう。

②〝愛〟がなくても、〝信頼〟関係だけは再構築すること

愛が失われても、信頼関係があれば、家族というチームを続けていくことはできます。夫婦の信頼関係を再構築するために、私がカウンセリングで用いているのは〝再契約法〟です。やり方を紹介します。

①「これだけは守ってほしい」ことをお互いにひとつだけ相手に伝える

②1週間ごとにお互いに約束が守れたかを確認する

ポイントは、**必ず実現できそうなものにすること**と、**できたことが確認できるものにすること**です。

例えば、「週に2回は6時までに帰宅してほしい」「仕事から帰ったら、まず『お疲れさま』と言ってほしい」というように、具体的な提案をお互いが伝え合い、それが守ることができたかどうかを毎日確認していきます。

そして1週間お互いに約束を守れたと確認できたら、また次の週に「お互いに守ってほしいこと」を伝え合います。この手法は信頼関係の改善に効果があります。

愛がなくなっても、約束でつながることができるのが大人です。

ひとりっ子は家族のマイノリティ

大人が2人と、子どもがひとり。

ひとりっ子の場合、家族の中で子どもはいつだって少数派です。

核家族でも大家族であっても、ひとりっ子の家では、常に大人のほうがメンバー数が多い状態です。

これは言い換えれば、親のほうが何かと有利な立場にあるということです。

例えば、思春期に差し掛かったひとりっ子が両親に反抗しても、両親にそろって責め立てられると口をつぐんでしまうこともあるでしょう。結果、息苦しくなり、親に本音を話さなくなります。

ひとりっ子の場合、子どもが本音を言いやすいように〝友だち親子〟っぽい雰囲気をつくれるように工夫しましょう。

〝友だち親子〟になってもOK

親子の間に〝タテの関係〟しか存在しないと、子どもは次第に息苦しさを感じるようになります。

それを解消するためには、友だちやきょうだいのような〝ヨコの関係〟を親子間に上手に取り入れましょう。ほめる・叱るだけでなく、**同じ目線に立って一緒に喜び、子どもをひとりの人間として尊重するのです。**

「夏休みは北海道に連れて行ってあげる」ではなく、「夏休みは北海道に行こうと思うけど、あなたはどう思う？　行きたいところはない？」というように、横並びのコミュニケーションを増やすのです。家族間の緊張をゆるめるために、〝友だち親子〟の要素をうまく取り入れていきましょう。

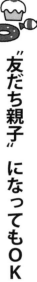

第６章　思春期と家族

ひとり親家庭にとっての思春期

ひとり親家庭にとって、思春期は子育てにおける最大のハードルといってもいいかもしれません。

「うちは母子家庭だから父親のぶんまで私が頑張らないと」と気を張り詰めてしまうシングルマザーはたくさんいます。また、「母親がいない穴をどう埋めればいいかわからない」と戸惑っているシングルファザーも少なくありません。

しかし、ひとり親家庭が思春期を乗り越える最大のポイントは親が「頑張りすぎない」ことに尽きます。

「しっかりしなくちゃ」と無理を続けると、心に余裕がなくなり、結局は必要以上に子どもに厳しく当たってしまいます。

その結果、子どもが甘えることができなくなってしまうのです。

多くのシングルマザーの家庭で足りないのは父性のような〝厳しさ〟ではなく、〝やさしさ〟〝あたたかさ〟〝甘え〟です。

そこから親子関係がこじれてしまうことも多いのです。

ひとり親家庭には たくさんの〝味方〟が必要

ひとり親だからこそ、頑張りすぎない。全部の役割を背負いすぎない。

これがひとり親家庭がうまくやっていくための鉄則です。そのためには家庭の外に、味方をたくさんつくりましょう。地域のサポート制度をフルに活用して、家事負担が軽減できれば、心にほんの少しでも余裕が生まれます。

子どもに「親には話せない悩みがあるようだ」と感じたときは、子どもが打ち解けて話せるような人を誰か探してみてください。年齢の近い親戚や、親の友人などを家に招いてみるのもよいでしょう。

塾の先生や家庭教師をしているお兄さん、お姉さんも大きな味方です。

家族とは違う他人が交われば、家庭内の風通しもよくなります。すべてを親が引き受ける必要はないのです。

ただし、思春期の再婚には注意が必要です。敏感でデリケートな思春期に、家庭内に、よく知らない大人が入ってくるのです。これは大きなストレスになります。

もし、再婚を考えているのであれば、子どもの気持ちに配慮しながら慎重に進めていきましょう。

ステップファミリーと思春期

親の再婚や事実婚によって、血縁関係がない親子・きょうだいで構成される家族のことを〝ステップファミリー〟と言います。子どもが何歳のときに、どんな形のステップファミリーになったかは、各家庭によってさまざまな事情があるでしょう。

しかし、どんな経緯であっても、思春期のステップファミリーの親のほとんどが感じている共通点があります。

それは、「血がつながっていないからこそ、良い親にならなくては」というプレッシャーです。

しかし、このプレッシャーがしばしばマイナスに働きます。

血がつながっていないからこそ、厳しく叱りつけてしまう。逆に、血がつながっていないからこそ遠慮してぶつかれない。どちらのパターンもあります。

連れ子同士の再婚の場合はさらに複雑です。

ステップファミリーだから むずかしいのではない

では、ステップファミリーの親が思春期を乗り越えるためには、どうすればよいのでしょう。

まず大切なのは、〝血縁の有無にとらわれすぎないこと〟です。

思春期の子どもがむずかしいのはどこの家庭も同じです。血のつながりのあるなしに関係なく、スマートに思春期を乗り越えられる親なんてどこにもいないのです。〝思春期のむずかしさ〟に直面しているという事実は、ある意味では子どもが健全に成長していることのあらわれだと受けとめてください。

思春期の子育てはどの家庭でも、てんやわんやです。それはあなたが離婚したからでも、再婚したからでもありません。それとは関係なく、もともとむずかしいのです。

一方で、ステップファミリーだからこその悩みもあるでしょう。

ステップファミリーの親同士で悩みを語り合う場をもつとよいでしょう。ＳＮＳなどを通じて、同じ悩みを持つ人を見つけてつながるのもいいと思います。

父親がすべきこと、母親がすべきこと

女／男という生物学的な性が、その人のすべてを形づくるわけではありません。「女の子／男の子らしさ」は、多くの場合、社会的環境やジェンダー観によって育まれます。子育てでも、性別の固定観念にとらわれず、それぞれの子の個性を伸ばすことが何よりも大切です。本書においても、ここまでは女の子／男の子といった性別にかかわらない思春期の対応策を紹介してきました。

一方でそれぞれの性別による一定の傾向があることも事実です。

〝娘には甘いけれども、息子にはつい厳しく当たりすぎてしまう父親〟は少なくありません。逆に〝息子には甘いけれど、娘にはつい厳しくしすぎてしまう母親〟もたくさんいます。

子どもが思春期に入ると、同性の親がしたほうがいいこと、異性の親がしたほうがいいことも出てきます。

次ページから、

〝母親と娘〟〝母親と息子〟〝父親と娘〟〝父親と息子〟

の4パターンの組み合わせ別に、思春期の親子の関わり方について考えていきます。

親子関係の性別組み合わせで気をつけたいこと

①母親と娘

同性だから娘の気持ちは手に取るようにわかる。そう思っているお母さんは多いものです。母親と娘の精神的な〝一体化〟が問題です。母親には精神的な〝娘離れ〟の準備が必要です。どんなに顔や性格が似ていても、母と娘は別の人格です。

母親は自分の願望を、同性の娘に押し付けていませんか？

女の子は親が想像する以上に「お母さんの期待に応えたい」と思いがちです。また、「娘だから」と頼りにしすぎてカウンセラー代わりにしてしまうこともよくありません。自分ができなかった夢を娘に託すことは、単なる自己投影＝〝勝手な押し付け〟です。母親である自分の願いではなく、娘さん自身が何を望んでいるのかを見定め、その夢が叶うように応援しましょう。

その上で、自分とは異なるありのままの娘さんを応援し、支え、見守っていきましょう。

②母親と息子

思春期の男の子と接する際に、母親が気をつけたいことのひとつは、性に関することでしょう。

スマホやタブレットなどで息子が性的なコンテンツを見ているところにうっかり遭遇したときや、マスターベーションの最中に部屋に入ってしまった場合には、過剰に反応せず、さらっと自然に対応しましょう。「あ、ごめん」と一言告げて部屋を出るくらいがよいでしょう。

間違っても「いやらしい！」と目くじらを立てて大騒ぎすることのないようにしましょう。また面白がって「あんな娘がタイプなんだー。変わってる〜」などと冷やかすのもやめにしましょう。

思春期の男の子が、一時的に女性を見下した発言をすることもあるでしょう。もしも息子が「ああいう格好している女子は痴漢にあっても当然」のようなことを言い出したら、「それは違う。どんな格好をしていても、相手の許可なく体に触ることは絶対にいけないことだ」ときっぱりと反論し教えてください。

そうしたやり取りを経て、女性と対等に向き合う目線が育まれていくのです。

③父親と娘

思春期の女の子にとって、父親は〝最も身近な異性〟です。

そのため、お父さんが穏やかな人であれば、「男の人はやさしくて穏やかなもの」と思うようになります。お父さんが家事をする人であれば、「男の人も家事をするのが普通」と思うようになるでしょう。

逆に父親がいつも威張って、母親に怒鳴ってばかりいると、「男の人はいつも暴力的でイヤ」「結婚なんてできればしたくない」と思うようになるでしょう。

このように、父親のふるまいを見て、娘は「男性とはこういうもの」というイメージをつくりあげていきます。「女の子はお父さんと似た人を好きになる」ともいわれます。**父親のふるまいが、娘さんの恋愛観や人生に与える影響力はとても大きいのです。**父親はまず、娘さんが安心して接することができるようなコミュニケーションを心がけましょう。

思春期の女の子、中学生、高校生の女の子の3割〜5割が「お父さんは臭い、汚い」「洗濯物は別にしてほしい」と言い出します。

ショックを受け、寂しくなる父親も少なくありません。そんなときも急にキレて暴力的になることのないようにしましょう。

〝父親のおだやかさ〟が思春期の女の子にとっては、とても大切です。

④父親と息子

思春期の息子と父親、男同士の関係性においては、〝**張り合わない**〟〝**追い詰めない**〟〝**力で抑えつけようとしない**〟この3つがポイントです。

息子が「うるせえ」と言ったからといって、「なんだその口のきき方は！」とむきになって追及するのはNGです。理詰めにして謝罪させようとしたり、暴力を振るったりするのは、もってのほかです。

思春期の男の子のイライラに、明確な理由はありません。大人として冷静に、「今の言い方は乱暴でよくないね」とさらっと伝え、釘を刺す程度で受け流しましょう。思春期の息子にとっても〝父親が穏やかな人であること〟は心の安定の上で極めて大きな意味をもっています。

思春期の男の子の中には同性である父親への対抗心も生まれてきます。特に〝男らしさ〟を感じさせる父親は思春期の息子にとって〝人生のライバル〟の一人に見えるのです。その気配を感じたら、息子を子ども扱いせず、できるだけ〝大人扱い〟しましょう。〝大人扱い〟されることで、息子はぐっと大人に成長するのです。

おわりに

本書を読み進めながら、ご自身の思春期の思い出が蘇った方も多いのではないでしょうか。

「中2のとき、本当は親にああしてほしかった」

「親に言われた一言がショックで今でも忘れられない」

そんなふうに苦い記憶のひとつやふたつは、誰しもきっとあるはずです。

もしかすると、自分が思春期の頃に親にされて嫌だったことを、親になった今同じようにわが子にやっている、と思い当たった人もいるかもしれません。

それは見方を変えれば、幸運なことです。

なぜなら親になったあなたのもとに、「不幸の連鎖を断ち切るチャンスが巡ってきた」といえるからです。

自分が思春期の頃には、親のどんな言葉に傷ついたのか。親からされて嫌だったことは何か。

そんな記憶を掘り起こして、自分自身を正直にお子さんに語ってみてください。

「お父さんは高1のとき、こんなことで悩んでいて……」

「お母さんは中3で、こんなことがあってつらかったんだ」

と語ってください。

親が自分を語ることは、子どもに「恥をかいてもいいんだ」「失敗してもいいんだ」という安心感と勇気を与えてくれるはずです。

最後に少しだけ、私自身の思春期についてお伝えします。

わが家は学校でも1、2を争うほどの貧乏な家庭でした。

父親は悪い人ではなかったのですが、仕事方面ではどうにも不器用だったらしく、転職を数十回も繰り返していました。
一方で、母親は博多の肝っ玉母さん。カラッとして、とても明るい人でした。「お金がないことは愚痴っても仕方ない。私がなんとかして稼ぐから一生懸命やっていこう!」と子どもの前で話すような、常に笑顔が絶えない元気な人でした。

私は中学3年生のときから「人間は何のために生まれ、何のために生きるのか」と思い悩み始め、哲学神経症とでもいうべき状態に陥りました。人間不信、自己不信の極限で高校2年生のときには、自殺未遂までしてしまいます。5年間、父とも母ともひと言も口をきいていません。

しかし、そんなときも母は変わりませんでした。高校3年の進路に関する面談で、担任の教師に母は「あの子は世捨て人ですから。私は諦めています」と言い放ち、ドーンとかまえて、放っておいてくれたのです。

私は母に心から感謝しています。

もし、あのとき母がおろおろして深刻に悩んで、私を何とかしようとして落ち込んでいたら、私は母と共依存になって共倒れ、私も救われることがなかったかもしれません。50代になっても引きこもったままだったかもしれません。

「ま、何とかなるよ」という母の明るさに私は救われたのです。

私は母の小さなことにくよくよしない「なんくるないさ」の姿勢によって救われたのです。

思春期の子育ては楽しいことばかりではありません。むしろ苦しいこと続きで、投げ出したくなったり、息が詰まりそうになったりすることも少なくないでしょう。

お子さんがものすごく反抗するようになって、「クソババア、死ね」などと言われて、「もう、こんな子、生まなきゃよかった」とひとり涙を流してしまうこともあるかもしれません。

けれどもそれも、子育ての苦しみを通してご両親のたましいが、成長していける

ようにお子さんが運んできてくれたプレゼントです。

お子さんが何か、困った行動をしたら、それは、お子さん自身の成長に必要なものなのかもしれない、と考えてみてください。

同時にそれはまた、お母さん、お父さん自身の人間的な成長を促すためにもたらされたものでもあるのです。

ときには、すべてを投げ出したくなってしまうかもしれません。

そんなときは、10分でいいので、お子さんから離れて深呼吸をしましょう。そして、こんなふうに、自分の中で唱えてみましょう。

「子どものたましいは、私を選んで私のもとにやってきてくれた。

ありがとう。

ありがとう。

ありがとう。

私たち二人を親として選んで、この世に生まれてきてくれて、ほんとうに、ありがとう……。

すべては、この、見えない世界からの、贈り物。

たましいの気づきと学びと成長のために、贈られてきたプレゼント……」

子どもは親の期待を裏切っていい

私がかつてカウンセリングで出会ったある女性は、〝自分〟がないことをずっと悩んでいました。彼女は幼い頃から、「お母さんは英語を話せるようになりたかった」「教師になりたかった」と母親に繰り返し聞かされて育ったそうです。素直な彼女は親の期待に応え、大人になって英語の教師の職に就きました。教師は素晴らしい仕事です。しかし、それは彼女自身が選んだ仕事ではありません。そこには

〝自分〟がない。いくら頑張っても、いつまで経っても〝借り物の人生〟なのです。

親は子どもにそんな思いをさせてはいけません。

「子どもには将来こうなってほしい」

「一流大学に行ってこの職業に就いてほしい」

そんなふうにプレッシャーをかけ続けることは、子どもの人生を縛っているのと同じです。

もしもあなたが、子どもに幸せな人生を送ってほしいと願うのであれば、「親の期待は裏切っていいんだよ」と子どもにはっきり伝えてください。

親からそう言われた子どもはハッピーです。

「お母さんやお父さんの望み通りになんかならなくていいんだからね」

「自分の人生を幸せにできるのは、自分しかいないよ」

そう伝えることは、相手を大人扱いしている、対等な人間として尊重している、ということでもあります。

そして、その気持ちは必ず子どもに届くはずです。

最後にもう一度、「ゲシュタルトの詩」の親子バージョンを載せておきましょう。
思春期の子に向き合うために必要な心得のすべてが、ここに詰まっています。

子どもは子どもの人生を生き、親は親の人生を生きる。
子どもは親の期待にこたえるためにこの世に生まれたわけではない。
親も子どもの期待にこたえるためにこの世に生まれたわけではない。
子どもは子ども。親は親。
子どもには子どもの人生がある。
親には親の人生がある。

子どもはいずれ成長し、親元を離れていきます。

お子さんが精神的に〝親離れ〟できたときに、変化に富んだ思春期のことがきっと懐かしく思い出されるでしょう。

◉本書で紹介した、お母さん、お父さんの人間としての自己成長のための、さまざまな心理学の方法は、次の研究会で学ぶことができます。どなたでも参加可能です。私のホームページ http://morotomi.net/ で内容を御確認のうえ、お申し込みください。

〒101－0062　東京都千代田区神田駿河台1―1　明治大学14号館　諸富研究室内
「気づきと学びの心理学研究会　アウエアネス」
問い合わせ・申し込み先　E-mail：awareness@morotomi.net
FAX：03-6893-6701

諸富祥彦（もろとみ・よしひこ）

1963年福岡県生まれ。明治大学文学部教授。上級教育カウンセラー。教育学博士。

「すべての子どもはこの世に生まれてきた意味がある」というメッセージをベースに、35年近く、さまざまな子育ての悩みを抱える親に、具体的な解決法をアドバイスしている。

『男の子の育て方』『女の子の育て方』『ひとりっ子の育て方』『ひとり親の子育て』（小社刊）、『「自分がない大人」にさせないための子育て』（PHP研究所）、『子育ての教科書』（幻冬舎）、『反抗期乗り切りマニュアル』（主婦の友社）、『「プチ虐待」の心理』（青春出版社）ほか、教育・心理関係の著書が200冊を超える。

http://morotomi.net/

思春期の子の育て方
「自分をつくる力」「挫折から立ち直る力」「悩む力」。
“むずかしい年ごろ” の親が必ず知っておくべきこと。

2021年12月3日 第1版第1刷発行

著　者　諸富祥彦
発行所　WAVE出版
〒102-0074
東京都千代田区九段南3-9-12
TEL 03-3261-3713
FAX 03-3261-3823
振替 00100-7-366376
E-mail : info@wave-publishers.co.jp
https://www.wave-publishers.co.jp
印刷・製本　萩原印刷

NDC599 215P 19cm ISBN978-4-86621-367-5